SEULE AUTOUR DU MONDE EN 71 JOURS

© EMT (IOW) Limited, 2005
Première édition en Angleterre, Penguin Books Ltd, 2005.

© Arthaud, 2006
87, quai Panhard-et-Levassor
75647 Paris Cedex 13
www.arthaud.fr

Code ouvrage : FZ0238
ISBN : 2-7003-9675-8
Dépôt légal : octobre 2006

Traduction : Olivier Pérétié
Relecture-correction : Nathalie Sawmy
Adaptation : Cécile Degorce

Tous droits réservés.
L'auteur a fait valoir ses droits moraux.

Il est interdit sous peine d'atteinte au droit du copyright ci-dessus de reproduire quelque extrait de cette publication.
On ne peut ni le mettre en mémoire, ni l'introduire dans une recherche de document, ni le transmettre sous quelque forme
ou quelque moyen que ce soit sans avoir obtenu au préalable l'accord écrit du propriétaire du copyright
ainsi que de l'éditeur de cet ouvrage.

Imprimé sur les presses de Canale, Turin.

À toute mon équipe, qui est la meilleure du monde.
Vous savez ce que vous valez. Vous êtes parmi
les rares à comprendre tout ce qu'il a fallu mettre
en œuvre pour que tout cela soit possible.
Merci.

ellen x

SOMMAIRE

Introduction	**13**
Une course contre la montre	**27**
Épilogue	**278**
Carte	**280**
Fiche technique du trimaran *Castorama*	**282**
Glossaire	**284**
Crédits photographiques	**286**
Remerciements	**287**

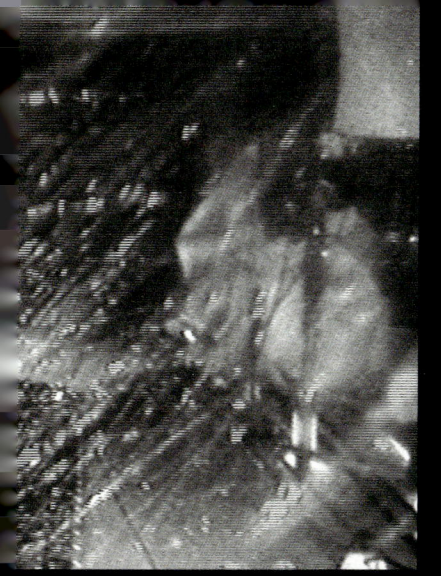

INTRODUCTION

Imaginez. Vous faites du tout-terrain, à toute vitesse, la nuit, sous la pluie battante. Vous devez vous cramponner au volant pour ne pas être purement et simplement éjecté de votre siège. Vous n'avez aucune idée de ce qui se trouve devant vous parce que vous n'avez pas de phares. Pis, vous n'avez même pas d'essuie-glaces pour vous permettre de percer l'obscurité au-delà du pare-brise. D'ailleurs vous n'avez pas de pare-brise. Ni de toit. Voilà à quoi ça ressemble de dévaler les quarantièmes rugissants à la voile, la nuit.

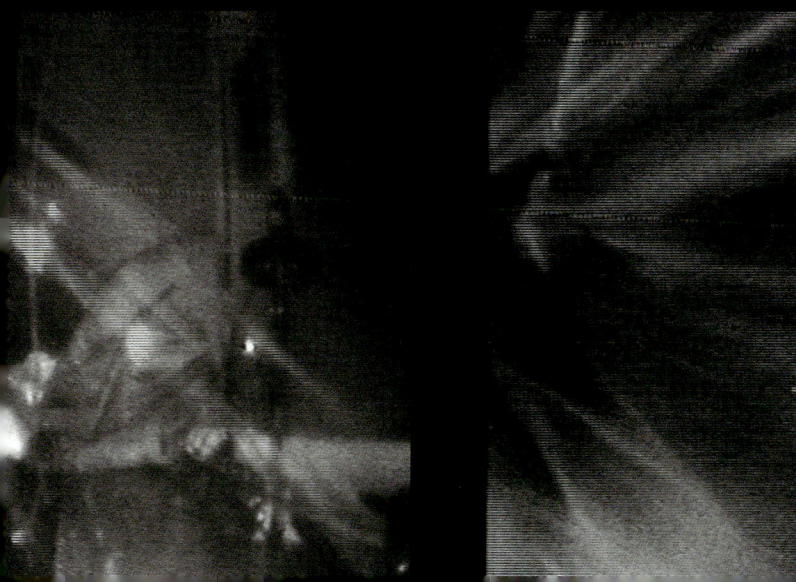

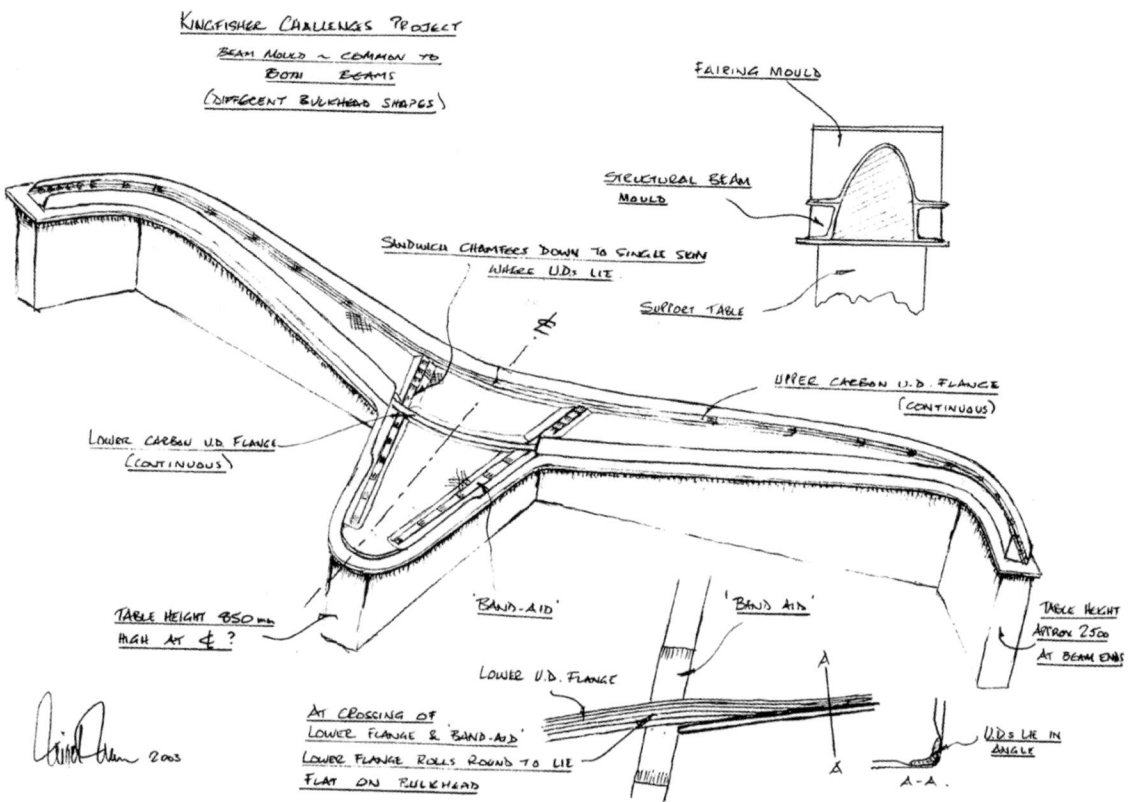

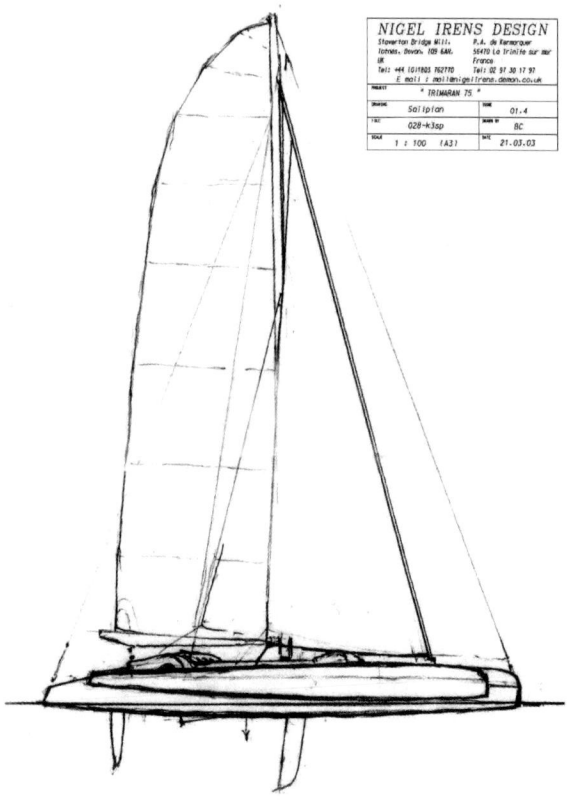

Ce n'est pas forcément pénible de naviguer dans ces conditions. C'est comme le grand huit de la foire du Trône. C'est excitant, et parfois même hilarant. Sauf que lorsque le grand huit dure des jours et des jours, qu'il se prolonge des nuits et des nuits sans jamais aucun répit, vous avez de plus en plus de mal à le supporter. Vous êtes là-bas pour pousser votre machine à fond, sinon, vous n'avez aucune chance de battre le record. Cela vous met dans un état de nervosité aussi déstabilisant que permanent, qui s'ajoute au stress et à la fatigue. Impossible de s'en débarrasser, cette nervosité vous ronge petit à petit. Quand le vent souffle, le risque de chavirage est immédiat. Quand le calme revient, la perspective de rater le record vous tétanise.

Vous tentez de dormir recroquevillée, à mi-chemin du cockpit et de la cabine et seule la lueur

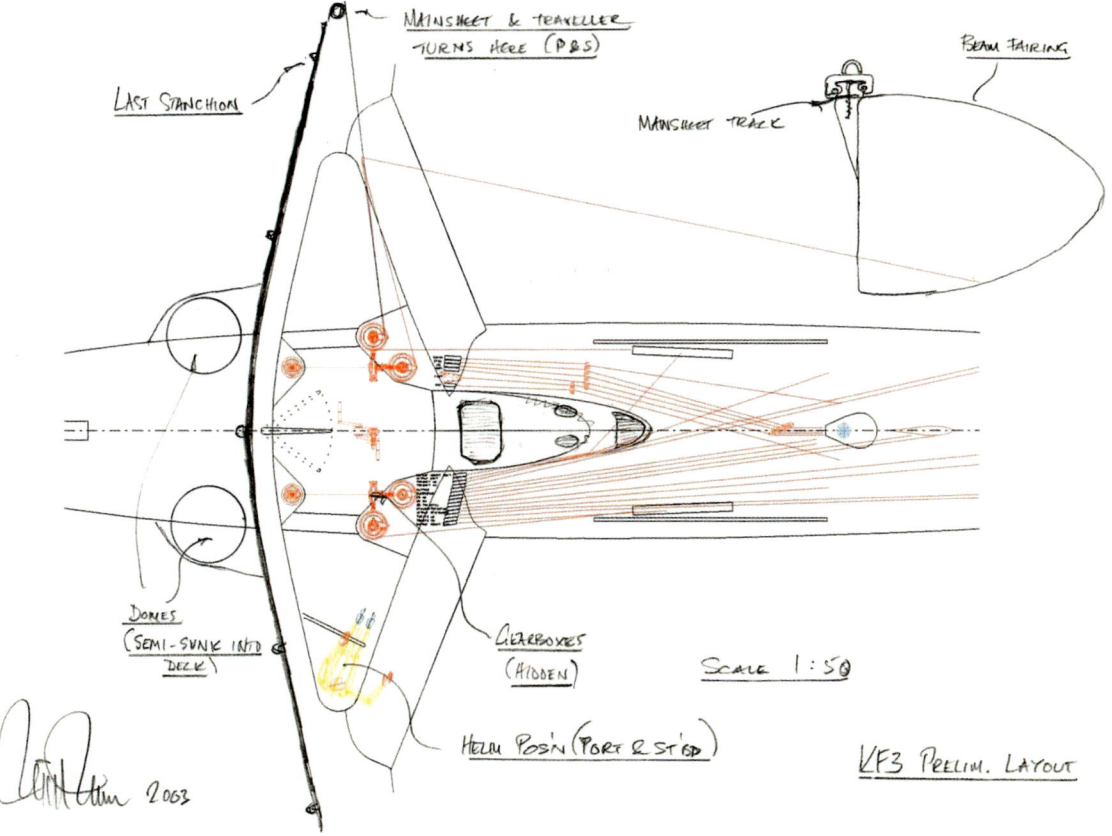

rougeâtre des cadrans vous procure une vague impression de chaleur. Vous fermez les yeux et parfois, pour tenter de vous réchauffer, vous passez une polaire par-dessus votre capuche de ciré, et vous vous en couvrez le visage. Vous êtes crevée, complètement crevée… mais au moindre craquement anormal, d'où qu'il vienne, vous sautez une fois de plus sur vos pieds pour en chercher l'origine. Vos yeux se ferment, mais vous ne savez jamais pour combien de temps. Vous ne savez jamais si vous parviendrez à vous endormir. Votre vie se résume à laisser le bateau foncer, chanter, respirer, sans jamais rien casser. Non pas pendant des heures, des jours ou des semaines. Mais pendant des mois.

Vous êtes sur la brèche 24 heures sur 24, 7 jours sur 7. L'anxiété est là, permanente, qui vous tourmente. Vous êtes dans le même état que si vous alliez chez le dentiste, ou passer un examen. Vous avez du mal à tenir une conversation normale, vous n'avez pas faim. Cette sensation ne m'a presque jamais quittée durant ce voyage, et au fil des jours, elle m'a vidée.

Pour la première fois de ma vie, je me suis rendu compte que j'allais, physiquement et mentalement, au-delà du raisonnable.

J'étais au bout de la fatigue, de mes capacités physiques et peut-être même de la raison. La privation de sommeil est une torture connue, et c'est sans aucun doute l'épreuve la plus difficile à supporter au large. Vous pouvez faire toute la musculation que vous voulez, vous pouvez suivre la meilleure préparation possible jusqu'à vous sentir prête, mais vous ne pouvez pas contrôler le temps ni l'empêcher de saper vos réserves.

Et puis, il y a le chronomètre. Quand vous tentez un record, c'est lui votre adversaire. Et cet adversaire ignore les jours sans, les calmes ou les avaries. C'est son côté le plus implacable.

Enfant, j'ai rêvé de faire le tour du monde en solitaire. J'ai rêvé d'aventures, d'océans, de défis et de savoirs. J'ai toujours aimé apprendre et je sais que j'apprends chaque fois que je mets le pied sur un bateau. C'est une puissante motivation pour aller là-bas.

Avant cette tentative, j'avais déjà fait un tour du monde à la voile, j'étais restée seule en mer un peu plus de trois mois. Au cours de ce Vendée Globe, surmonter le manque de sommeil, les avaries et le stress, s'était déjà révélé incroyablement dur. Mais ce record a été bien plus dur encore. *Castorama* est un trimaran de 75 pieds (23 mètres), bien différent des bateaux sur lesquels j'avais couru jusque-là, tels les monocoques de 60 pieds (18,30 mètres). Les multicoques naviguent en permanence sur le fil. Ils volent au-dessus de l'eau plus qu'ils ne flottent. J'étais donc incroyablement nerveuse quand j'ai quitté le quai, je voulais juste que les heures passent et couper au plus vite la ligne de départ. J'avais la conviction que j'allais être mise à l'épreuve comme jamais et je ne me suis pas trompée.

Pendant le Vendée Globe, j'ai réussi à garder un peu de temps pour me relaxer, penser et profiter au maximum de tout ce qui m'entourait. Ce record a été bien différent. Le plaisir y fut plus rare ; ce fut une tout autre expérience. Je n'avais aucune aide physique. Il n'y avait pas de winch électrique ni hydraulique sur *Castorama*. Tout se faisait à la force des bras. C'était épuisant de hisser jusqu'en haut d'un mât de 30 mètres des voiles qui pèsent trois fois votre poids. Surtout plusieurs fois par jour. Mais ce n'est pas ça qui devait m'arrêter.

Dans les courses comme le Vendée Globe, vous vous battez contre les gens qui sont autour de vous. Tout le monde affronte le même type de

**Enfant, j'ai rêvé
de faire le tour du
monde en solitaire.
J'ai rêvé d'aventures,
d'océans, de défis
et de savoirs.**

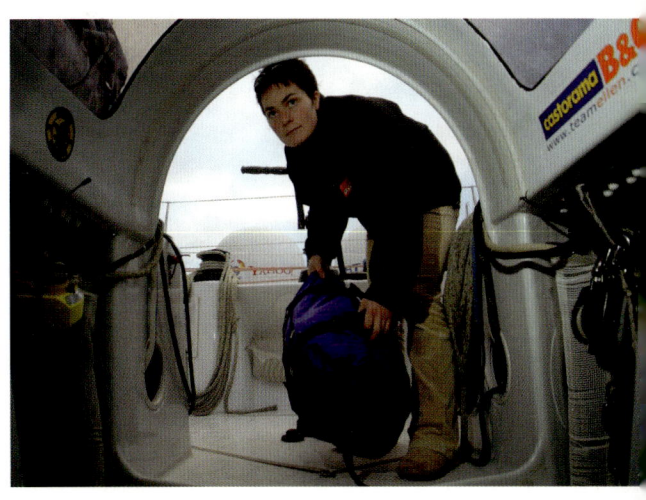

temps, ce qui signifie que même dans les calmes, si vous naviguez mieux que vos adversaires, vous pouvez leur grappiller des milles. Cette fois, mon seul adversaire était le chronomètre. Lui, il avançait jour et nuit, impitoyablement.

Avant même de me lancer dans cette tentative de record autour du monde, je savais que ce serait plus dur encore que tout ce que je pouvais imaginer. Quand *Castorama* a été mis à l'eau, en décembre 2003, le record était de quatre-vingt-treize jours. Mais dans les semaines qui ont suivi le lancement, un Français nommé Francis Joyon a pulvérisé cette référence de plus de vingt jours. Cet exploit a non seulement fait de Francis un héros dans son pays, mais il l'a consacré comme l'un des deux seuls marins de l'histoire qui ait jamais réussi un tour du monde en solo, sans escale, en multicoque. La plupart des gens – peut-être même moi – pensaient que le record de Francis tiendrait des années. Et pourtant, le 28 novembre 2004, je me suis lancée dans une première tentative contre cet exploit. Au début, j'ai essayé de naviguer prudemment, mais je me suis vite rendu compte que ce n'était pas une solution. Il fallait se défoncer, alors j'ai commencé à y aller à bloc et j'ai continué sans jamais lever le pied.

Mais je n'étais pas seule dans l'affaire. Même si ce que vous découvrirez dans les pages qui suivent montre essentiellement une navigatrice solitaire qui se bagarre pendant soixante et onze jours, cela ne reflète pas la vraie nature de ce projet, qui reposa sur un travail d'équipe. Une équipe de gens qui se sont investis deux années durant dans cette entreprise, avec autant d'énergie que de passion. Nous savions tous que, quelles que fussent les difficultés, nous réalisions ce que nous avions voulu. Nous seuls avions pris la responsabilité de nous lancer dans un défi aussi intimidant.

Nous avons encore peine à croire que nous avons réellement battu le record – en un sens, tout ça semble un peu un rêve. Dès les premiers instants – quand nous avons annoncé le partenariat avec Castorama, quand Nigel Irens a commencé à dessiner les plans, et même quand les énormes proportions de *Castorama* (affectueusement surnommé *Mobi*) devinrent visibles, quand il commença à prendre forme dans le chantier australien – le projet a semblé irréel, en partie incroyable, parfois cauchemardesque…

Le tour du monde a été stupéfiant. Il m'a énormément apporté, mais en revenant sur l'ensemble du projet, je crois que les moments les plus fantastiques ont été ceux que j'ai pu partager avec l'équipe : aussi bien les gens qui m'entourent et avec lesquels je travaille, que ceux qui ont fait toute la différence en nous soutenant à travers Internet, les lettres et les courriels. Quand j'ai coupé cette ligne d'arrivée, le 7 février, je n'ai rien ressenti

d'autre que du soulagement. C'est seulement quand les gars de l'équipe ont sauté à bord, une heure plus tard, que j'ai ressenti une joie et une excitation absolument incroyables. Je n'ai jamais considéré que ce fut « mon record ». En réalité, c'était vraiment « notre record ». Et ce fut à cet instant que nous avons pu commencer à le fêter. Quelle que soit sa durée, je me souviendrai toujours de ce record et de ce moment-là.

J'ai vu des choses extraordinaires, durant ces soixante et onze jours de mer et j'ai essayé de rassembler ces images de sorte que le drame, la couleur et l'immensité de la navigation au large en solitaire vous soient restitués aussi fidèlement que possible. Mais ce livre ne tente pas de refléter le record. C'est un compte-rendu brut, âpre et direct de la plus dure des épreuves que j'aie jamais traversée. C'est le journal de la vie quotidienne sur un bateau qui laboure l'océan sans relâche. Et même si je me suis efforcée de ne pas faire un livre trop technique, il devait quand même l'être un peu, pour expliquer comment l'esprit fonctionne quand il est contraint de se dépasser au large.

Cet ouvrage n'a donc pas été réécrit, poli ni peigné. C'est simplement « notre histoire » telle qu'elle fut, et j'espère que ce livre n'apparaîtra pas ici ou là trop négatif ou difficile à lire. Le temps viendra où je serai capable de prendre du recul sur ce voyage et de le mettre en perspective, mais ce qui suit est le compte-rendu le plus intime et le plus immédiat de notre course autour du monde.

PREMIER JOUR 28/11/04
Castorama coupe la ligne de départ à 8 heures 10 minutes 44 secondes

« Bon, nous y voilà. Au large, une fois de plus… Ce coup-ci, ça va être dur… Je le sens. Et je sais parfaitement que je vais devoir puiser en moi plus profondément que jamais… Le plus important, pourtant, ce que je ne cesse de m'entrer dans la tête à coups de marteau, c'est qu'il me faut absolument y trouver du plaisir. *Castorama* est un bateau tellement fantastique, il procure de telles sensations que je veux vraiment, vraiment accomplir ce tour du monde pour lui aussi. Je suis assise, là, absolument seule, et en réalité, je me sens extrêmement nerveuse. Nous avons coupé la ligne – et déjà le chrono Omega qui se trouve juste devant mes yeux tourne inexorablement… Faut-il pousser *Castorama* à fond ? Faut-il le retenir ? Qu'est-il capable d'endurer ? Que suis-je capable de supporter ? Ces questions dansent devant moi à ce moment précis. J'espère juste que je vais pouvoir me détendre et apprécier ce tour du monde pour ce qu'il est… Bon, je ferais mieux de monter sur le pont… Je sens venir un changement de voile, il faut passer du génois au solent… »

Nous sommes partis et le chronomètre qui est à côté de moi tourne inexorablement

Castorama est un bateau tellement fantastique. Il procure de telles sensations que je veux vraiment accomplir ce tour du monde pour lui aussi

« Me revoilà… J'ai changé de voiles et il y en avait plein le cockpit, parce que je les ai ramenées à l'arrière. J'ai remarqué des trucs étonnants, tandis que nous quittions le ponton. Il régnait un calme sidérant juste avant notre départ du dock. Curieux, comme si personne ne voulait faire trop de bruit. C'était étrange. Mais l'ambiance ici était géniale. Falmouth nous a fait un adieu extraordinaire. J'en suis bouleversée. Vraiment bouleversée. Tout se déroulait un peu comme dans un rêve. Quand nous avons quitté le port en remorque, un cormoran a plongé devant les étraves. Quelques heures plus tard, tandis que nous naviguions dans le chenal, des dauphins sont venus tourner autour de nous. C'était magnifique. Allez, maintenant, c'est l'heure de la sieste… »

DEUXIÈME JOUR 29/11/04
1 heure 58 minutes de retard
À 120 milles du cap Finisterre

J'ai décidé de ne pas trop tirer sur le bateau et de naviguer sans forcer. En ce moment, nous marchons sous grand-voile à un ris et génois. Bien dormi (deux heures et demie) pour la première fois, la nuit dernière, mais là, je ne me sens pas en forme. Je suis toujours très nerveuse et je devine qu'il va me falloir plusieurs jours pour me débarrasser de cette sensation qui risque de revenir durant le voyage. Pourtant c'est bon d'être ici, c'est bon de mener ce bateau, c'est bon d'analyser la météo et de songer aux différents obstacles qu'il va nous falloir franchir dans les prochains jours. Tout cela atténue un peu le fait de savoir que vous avez deux mois de mer devant vous.

Petit drame la nuit dernière : juste avant minuit, le boîtier du safran central s'est relevé et les deux

Je suis toujours très nerveuse et je sens qu'il va me falloir plusieurs jours pour me débarrasser de cette sensation qui risque de revenir durant le voyage

cordages qui servent de fusibles se sont rompus. J'ai entendu un bruit, mais je ne parvenais pas à savoir ce que c'était. J'ai cherché dans tout le bateau ; mais je n'ai rien trouvé, et puis le bruit a recommencé quelques heures plus tard et c'est là que j'ai vu que le boîtier avait sauté. Je pense que ce qui s'est produit, c'est que l'impact des fortes vagues du début de la traversée a donné du jeu au safran, ce qui a un peu détendu les fusibles. Et, au fil des heures, ils ont fini par casser. Les remplacer fut vraiment un boulot de chien ! Mais je pense qu'ils tiennent, maintenant.

On a traversé le bord d'un anticyclone, hier soir. Maintenant, nous sommes à la latitude du cap Finisterre, et nous nous dirigeons vers une dépression, aussi le vent fraîchit un peu et la mer se creuse. En tout cas, il fait meilleur depuis que nous avons touché une brise d'est. Aujourd'hui, il fait grand soleil, avec juste quelques nuages épars. C'est de la belle navigation, en fait, sauf que la mer n'est pas très agréable. Avec cette force de vent, nous tapons régulièrement dans les vagues et les mouvements sont plutôt brutaux. En fait, le vent n'a pas molli cette nuit autant que nous nous y attendions ; notre moyenne a quand même baissé – deux heures à 17 nœuds, quelques-unes à 15 nœuds, bref – pas terrible, mais apparemment, nous sommes repartis.

Nous allons un peu moins vite que ce que j'espérais. Mais le vent est bien plus favorable, maintenant. C'est bon signe

TROISIÈME JOUR 30/11/04
7 minutes d'avance
230 milles au large de Lisbonne

Actuellement, nous nous trouvons au-dessus d'une dépression située entre les côtes espagnoles et portugaises. La nuit a été particulièrement frustrante. La mer était épouvantable, avec une mauvaise houle croisée. *Castorama* était très inconfortable, à cause de ces vagues qui viennent du côté oriental de la dépression située devant nous. Le vent était très mou, et nous avons tenté de nous glisser entre les basses et hautes pressions, malheureusement nous n'avons pas réussi à le faire aussi vite que je l'aurais voulu. Du coup, nous allons un peu moins vite que ce que j'espérais, mais le vent est bien meilleur maintenant – il souffle à 18 nœuds et nous progressons de nouveau correctement, donc c'est bon signe. Je n'ai toujours pas envoyé le gennaker. Mais les chocs sont encore trop brutaux, et de toute façon ça n'aurait été que pour quelques heures. En ce moment, je vois un énorme nuage, un vrai monstre. Nous allons bientôt entrer dans la dépression et les vents vont se renforcer. Ils devraient souffler à plus de 40 nœuds, ce seraient donc les plus violents jusqu'ici, et naviguer là-dedans ne va pas être facile.

Cette mer désordonnée m'a énormément stressée. Depuis le début, chaque décision s'est révélée critique. Chaque jour compte. Je fais à peu près jeu égal avec Francis, pour l'instant, mais la descente vers l'équateur pourrait faire la différence. Je suis impatiente de trouver mon rythme à bord, et je serai heureuse de voir cette dépression derrière nous, dans les prochaines vingt-quatre heures. Et dans quelques jours, nous trouverons les alizés jusqu'à l'équateur, donc si tout va bien, les conditions devraient être un peu plus paisibles.

QUATRIÈME JOUR 1/12/04
3 heures 5 minutes d'avance
Par le travers de Madère

Le vent vient de partout à la fois, en ce moment. Il a tourné d'un coup de 120 degrés, ce qui me rend très nerveuse. Ce sont juste les nuages, mais ça ne devrait pas se passer comme ça. Normalement, la brise devrait tomber, mais tant que je suis sous cette masse nuageuse, rien ne risque de changer. Elle varie de 8 à 25 nœuds, et rend les conditions à bord très difficiles. En plus elle ne facilite pas notre positionnement pour passer les Canaries, droit devant. En ce moment, nous avançons à 8 nœuds, cap sur les îles. Je ne peux pas laisser le bateau sous pilote cinq minutes sans qu'il ne se passe quelque chose. J'espère que ça va s'arranger. J'ai la bouche complètement sèche et je ne parviens pas à manger correctement. Je ne suis pas encore entrée dans cette histoire. Je vais essayer de réparer la fuite du réservoir d'eau douce, juste pour me sentir mieux ! Le problème, c'est qu'avec ce vent qui ne cesse de tourner, je ne veux pas me retrouver coincée à l'intérieur, parce qu'il faut que je puisse me ruer sur le pont pour régler les voiles.

CINQUIÈME JOUR 2/12/04
57 minutes d'avance
130 milles au sud-ouest des Canaries

La nuit passée, les conditions sont restées relativement stables, même si le vent était un peu irrégulier. J'ai dormi un peu plus que ces derniers jours. Les deux derniers, en particulier, ont été vraiment, vraiment durs. La journée d'hier devait être en principe plus tranquille, parce que le vent devait passer au nord, mais rien de tel ne s'est produit. Les vents sont restés extrêmement variables et régler le bateau pour éviter les Canaries était exténuant. Hier après-midi, la brise était tellement irrégulière que j'ai eu l'impression que je ne parviendrais jamais à le faire bouger. Aujourd'hui, ça va beaucoup mieux, et j'en suis ravie. Nous avons 20 nœuds de vent en ce moment, nous surfons entre 16 et 22 nœuds et c'est fantastique. La dépression a stagné un bon moment par ici, et la mer n'a cessé de se creuser, si bien que de temps en temps, nous tapons vraiment fort dans la vague. L'objectif du jour, c'est de garder du vent en restant dans le sud de l'anticyclone.

Depuis le départ, je subis une énorme pression. La pression de ce chrono qui ne cesse un instant de tourner, de ces minutes qui ne cessent de s'enfuir

La nuit a été très rapide, grâce à une brise de 15 à 18 nœuds, mais actuellement le vent fait n'importe quoi. Je pense que c'est dû aux nuages, aussi vais-je conserver le gennaker pour l'instant. Tous ces nuages nous ont considérablement ralentis. Je me sentais nerveuse, ce matin, mais peut-être est-ce parce que j'ai bien dormi et même rêvé ! Au menu du sixième petit déjeuner : porridge. Il reste quelques pommes qui mûrissent trop vite, parce que nous sommes maintenant par 20 degrés nord et qu'il commence à faire chaud dans le bateau. Je n'avais pas prévu d'arriver si vite sous ces latitudes. Ce n'est pas ce qu'il y a de plus confortable.

En ce moment, nous naviguons en plein dans les alizés. Nous sommes entre les Canaries et les îles du Cap-Vert, le vent souffle d'est, et depuis avant-hier soir, nous marchons sous grand-voile haute et gennaker. C'est relativement tranquille. Tout est OK, tant qu'il n'y a pas de rafales, car alors il faut faire très attention à ne pas surcharger les voiles. Il faut rester vigilant, être prêt à choquer les écoutes. Ça signifie beaucoup d'allers-retours hors du cockpit, toujours prêts à choquer quand le vent fraîchit. Nous n'avons pas encore rencontré de gros grains, mais ils sont en route, je les vois à l'horizon. Les journées qui viennent jusqu'à l'équateur s'annoncent plutôt rudes.

J'ai passé beaucoup de temps à examiner les positions de Francis, ses moyennes, tout ça. J'avais besoin de m'en pénétrer, parce que la descente vers le Pot-au-Noir, qui se situe quelques centaines de milles au nord de l'équateur, s'annonce lente. J'ai noté que lors de son retour en Atlantique nord, Francis n'a pas dépassé les 11 nœuds de moyenne pendant dix jours et ça m'a fait du bien !

Petit problème avec le boîtier du safran principal. À Ouessant, une vague l'a heurté plutôt violemment, ce qui a fait jouer légèrement le boîtier dans son logement. J'ai fait 25 000 milles sans aucun problème avec ce système, mais désormais il a tendance à se relever – il y a un jeu d'un millimètre dans le boîtier. Hier, j'ai relevé l'ensemble entièrement, j'ai ralenti, j'ai retiré la lame du safran, et tout vérifié. Apparemment, il n'y a rien de sérieux. Juste ce léger jeu. Le safran est resté hors de l'eau pendant environ trois quarts d'heure. Je ne pense pas que nous ayons perdu beaucoup de vitesse, nous avancions encore à 8 ou 9 nœuds, donc nous avons perdu environ 5 milles, ce qui n'est pas trop grave à ce stade. C'était une bonne chose de relever entièrement le safran pour voir ce qui se passait et de tout bien vérifier. J'ai fait des cales, qui sont en place maintenant, et je vais surveiller tout ça pendant la descente vers le sud.

« Eh bien, je pense que la nuit dernière, j'ai bien dormi pour la première fois depuis le départ, et même si je me sentais un peu groggy au lever du soleil, je savais que j'en avais vraiment, vraiment besoin. Essayer de dormir à bord de ce pauvre *Castorama*, qui laboure implacablement l'océan, est loin d'être facile – mais on n'a jamais dit que le record allait être facile à battre. Ce n'est qu'il y a deux ou trois jours que j'ai commencé à réaliser l'ampleur de la tâche qui m'attend…

Depuis le départ, je subis une énorme pression, la pression de ce chronomètre qui ne cesse un instant de tourner, de ces minutes qui ne cessent de s'enfuir. Depuis qu'on a quitté le quai, je me sens nerveuse, fatiguée et en général sacrément stressée. J'ai rarement faim – même si je fais ce métier depuis suffisamment longtemps pour savoir qu'il faut quand même manger, et donc je me force. Au moins, de ce côté-là, ça fonctionne correctement, et c'est déjà ça !

On a eu notre lot d'ennuis depuis le départ, des fuites du réservoir d'eau à ces dangereux craquements dans les safrans. Certains vous flanquent une vrai frousse, d'autres vous aident juste à réaliser que la liste des choses à faire est sans fin. Chacune sape silencieusement un peu de votre énergie…

La tempête que nous avons traversée m'a fait du bien, en fait. Elle m'a fait passer en mode survie, en mode "sors-toi de là entière", ce qui m'a au moins permis de cesser de penser à tout ce qui me stressait. Rien de tel qu'une rafale à plus de 45 nœuds pour que l'esprit se concentre sur l'urgence du moment !

Mais aujourd'hui, tandis que j'étais penchée à l'arrière du bateau pour sortir le safran de l'eau, j'ai été saisie. La tête dans le boîtier pour voir s'il y avait des dégâts, j'ai été fascinée à la vue de cette eau lumineuse qui filait sous la coque. C'était un tel contraste avec les heures stressantes passées à ralentir le bateau pour réparer que j'ai souri tout haut (si c'est possible !) et que je me suis penchée pour toucher ce magnifique miracle de la vie. C'était juste de l'eau, mais cette seconde n'avait pas de prix…

Allez, au lit maintenant. Je dois dormir autant que je le peux pendant que le temps est relativement stable. D'autant qu'à peine m'étais-je dis ça, pendant que je tapais ce mail, le vent est monté à 25 nœuds pour redescendre à 16…

Donc, à plus tard. »

ellen

SEPTIÈME JOUR 4/12/04
3 heures 8 minutes d'avance
112 milles au sud-ouest des îles du Cap-Vert

Tout va bien à bord, même s'il fait très chaud maintenant. Nous sommes par 14 degrés nord, en route vers l'équateur. Mais, d'abord, je me sens un peu plus détendue qu'avant. Il reste certes encore énormément de tension, car si je veux bien faire, je n'ai manifestement d'autre choix que de donner absolument tout ce que j'ai. Mais les conditions sont plus stables, j'ai donc pu effectuer un tas de vérifications à bord, regarder partout, refaire quelques attaches, parfaire des finitions. Donc je crois que le bateau est OK, mais le stress demeure. Vous passez votre temps à vous demander ce qui va casser, voire à attendre que ça casse, et ce n'est pas particulièrement sain. Pourtant, ça va. Je suis plus détendue qu'au début, c'est bon signe.

Je pense que les premiers jours ont été difficiles parce que les conditions changeaient sans cesse, et le départ s'est révélé stressant. Mais maintenant, c'est super de descendre les alizés. Le bateau marche du tonnerre. Je suis tellement contente qu'il soit si rapide. Il est vraiment étonnant, c'est un régal de le voir avancer. Sans compter qu'il est très sûr, même dans les grains, ce qui est une bonne chose. Je sais que le passage du Pot-au-Noir s'annonce difficile, mais pour l'instant, nous allons vite et nous avons engrangé plusieurs heures d'avance sur Francis.

Il a eu la chance de franchir très vite le Pot-au-Noir grâce à de puissants alizés, bien établis dans le nord. Les nôtres sont plus faibles, donc le passage s'annonce plus ardu. Situé à la jonction des systèmes météo des hémisphères Nord et Sud, le Pot-au-Noir fait comme un vide entre les deux. Il n'y a ni anticyclones ni dépressions, juste une énorme masse de nuages qui stagne là en raison de l'extrême chaleur de l'eau. C'est un coin vraiment compliqué à traverser, et certaines fois tout se passe bien, d'autres mal. *A priori,* nous n'allons pas avoir le droit au meilleur des Pot-au-Noir, mais on verra bien.

Le sommeil est un atout capital. Dans la vie courante, nous oublions simplement à quel point il est important

HUITIÈME JOUR 5/12/04
13 heures 16 minutes d'avance
500 milles au nord de l'équateur

Aujourd'hui, nous venons de passer le cap de la première semaine, ce qui veut dire que nous n'en sommes qu'au début du voyage. Nous avons couvert à peine 10 % de la distance, mais nous avons déjà connu notre lot de problèmes, de soucis, d'interventions nécessaires. Je pense en premier lieu au jeu du safran, enjeu majeur, même si le problème semble résolu. Comme je m'y attendais, régler tout ça s'est révélé plutôt rude. Heureusement, côté météo, nous avons de la chance depuis quelques jours, et côté vent, encore plus. Nous avons toujours 10 à 11 nœuds d'est, ce qui nous permet de filer plein sud à 14-15 nœuds, une vitesse formidable dans le Pot-au-Noir. Pour l'instant le bateau semble nickel. Aucune avarie sérieuse. Juste effectué quelques petites interventions ici ou là, tout contrôlé et vérifié que tout soit prêt pour les Quarantièmes, qui semblent bizarrement incroyablement proches. J'ai aussi regardé les prévisions, pour savoir ce qui nous attend dans l'Atlantique sud.

Pour l'instant, tout se passe bien dans ce Pot-au-Noir, mais nous n'en sommes pas encore sortis. Le Pot-au-Noir peut être tranquille ou infernal. Tout dépend un peu des cartes qu'on vous distribue pour la journée. Pour le moment, touchons du bois, apparemment, ça va. Nous sommes toujours par 7 degrés nord, et tout semble normal, mais ça peut changer – attendons de voir ce qu'il y a devant. La dernière photo-satellite nous place au centre d'une fabuleuse zone de ciel clair, mais plus au sud, il y a beaucoup de nuages. J'espère qu'ils vont se déplacer vers l'ouest dans les prochaines heures pour nous permettre de passer à travers sans trop de problèmes.

Il fait incroyablement chaud, désormais. D'où l'avantage de naviguer sur un multicoque, parce que sa vitesse génère une bonne brise sur le pont, mais il n'en fait pas moins chaud et humide. À l'intérieur, la température atteint 32 °C dans la journée et 29 °C la nuit – de quoi saper votre énergie. Je dors à l'extérieur sous l'abri de la casquette, dans un fauteuil poire – je crois que je n'ai dormi que deux fois dans ma couchette depuis le départ. À l'extérieur, on se sent plus à l'aise, plus proche du bateau, à portée des cordages. J'essaye de récupérer au mieux, pour être le plus reposée possible à l'attaque de l'Atlantique sud et de ses conditions changeantes, parce que le sommeil est un atout capital. Dans la vie courante, nous oublions simplement à quel point il est important – et il faut vraiment en être privé pour réaliser quel luxe il peut représenter !

NEUVIÈME JOUR 6/12/04
8 heures 27 minutes d'avance
À 245 milles de l'équateur

Ce matin, je suis fatiguée ; le Pot-au-Noir a été plutôt méchant cette nuit. Je pense qu'au total, nous l'aurons passé sans trop de problèmes ; n'empêche : la nuit dernière a été dure. Le vent passait de 4 à 20 nœuds en une minute. Ces dernières vingt-quatre heures, je n'ai pas dormi une seconde, à cause des changements de voiles incessants et de tout ce qui va avec. C'est très dur, parce que quoi qu'il arrive, il faut absolument faire avancer le bateau – c'est la seule façon d'attraper ce nouveau vent que vous poursuivez. Le ciel est plein d'énormes nuages noirs, et il n'y a pas de lune en ce moment, ce qui n'arrange rien, parce qu'il est très difficile de voir ce qui vous arrive dessus. Vous êtes constamment fouettés par les grains et la pluie sous ces nuages. Brusquement vous n'avez plus que 5 nœuds de vent et vous devez établir une voilure complètement différente de celle que vous portiez jusque-là, dans les 20 nœuds qui soufflaient de la même direction. Hier, j'ai dû changer cinq ou six fois de voiles durant la nuit, et Dieu sait combien de fois durant le jour. C'est une lutte permanente que de porter la bonne combinaison de voiles pour que le bateau progresse sans rien casser. Ce qui n'a rien d'évident quand vous affrontez des grains aussi agressifs.

C'est pourquoi, ce matin, ça faisait du bien de sentir cette brise régulière de sud-est, et je me dis qu'il n'y a pas de raison que nous soyons ralentis. Le vent souffle à 15 nœuds et nous avançons bien, mais pas particulièrement vite, car nous sommes au près. Vivement que nous puissions abattre et accélérer, mais pour l'instant, il faut tenir. Notre position actuelle me convient, même si une route un peu plus est aurait été plus efficace, mais je ne suis pas sûre qu'elle nous aurait permis de traverser le Pot-au-Noir aussi facilement. Si cette brise tient, et il n'y a pas de raison qu'elle ne tienne pas, nous devrions passer l'équateur en avance sur Francis, ce qui serait génial.

Physiquement, ça va, même si je transpire énormément. J'essaye de boire tout autant, parce qu'il fait terriblement chaud à l'intérieur, en particulier quand je charge les batteries – la cabine est pire qu'un four, c'est un sauna ! Impossible de m'échapper, je n'ai nulle part où m'enfuir. L'eau qui vous entoure est salée, vous-même êtes salée, donc votre sueur est salée ! Du coup, tout ce sel provoque des plaies aux mains et aux bras, un classique quand vous transpirez en permanence. C'est difficile à supporter, mais il faut vous projeter dans l'avenir et songer qu'il fera froid bientôt, ce qui est un inconvénient, mais aussi un avantage.

J'ai vraiment hâte d'arriver dans le Sud. En ce moment, notre cap est très bon, nous parvenons presque à faire du sud. L'équateur n'est plus qu'à 200 milles environ, donc, si tout va bien, je considère que nous devrions le franchir à peu près dans douze heures, aux environs de minuit heure anglaise. Le vent devrait tenir jusque-là. Ensuite, puisque nous faisons du sud, le vent va tourner un peu vers l'est, et nous pourrons accélérer le long des côtes brésiliennes, avant de plonger vers les Quarantièmes, en bordure de l'anticyclone de Sainte-Hélène.

Quoi qu'il arrive, il faut absolument faire avancer le bateau – c'est la seule façon d'attraper ce nouveau vent que vous poursuivez

« Juste un mail rapide des environs de l'Equateur… Castorama avance comme une fusée et tout va bien à bord. Il fait très très chaud, désormais, et même si je garde mes sous-vêtements thermiques la nuit, je ne suis pas sûre d'en avoir encore besoin. La nuit, la température de la cabine atteint 29 °C et plus de 30 °C dans la journée. En plus de mes plaies aux mains, la plus petite écorchure s'infecte – j'ai intérêt à surveiller ça. Espérons que dans quelques jours, tout ira mieux. Je ferais bien de ne pas oublier que je quitte l'été pour aller vers l'hiver !

Il faut que j'y aille, le temps d'envoyer ce mail, d'une Ellen un peu nerveuse, mais heureuse. »

x

Tous les marins présentent une offrande à Neptune, au passage de l'équateur. J'ai ouvert une bouteille de champagne pour célébrer l'événement

DIXIÈME JOUR 7/12/04
10 heures 31 minutes d'avance
Record en solitaire à l'équateur

Nous venons d'établir un nouveau record en solitaire entre Ouessant et l'équateur : 8 jours, 18 heures, 20 minutes. Soit 14 heures et 3 minutes de mieux que la performance signée par Francis Joyon.

Tous les marins présentent une offrande à Neptune – il nous accompagne partout en mer et il faut toujours lui manifester notre respect au passage de l'équateur. Aussi lui ai-je offert un exemplaire du livre de Lance Armstrong et ai-je débouché une toute petite bouteille de champagne pour l'occasion. C'était super de franchir la Ligne, c'est toujours un moment fort lors d'un voyage autour du monde. C'est une première étape – je bois à la prochaine et au Sud !

J'ai quelques bouteilles de champagne à bord : une pour l'équateur à la descente, une pour le cap de Bonne-Espérance, une pour le cap Leeuwin au sud de l'Australie, une pour le cap Horn et la dernière pour l'équateur lors de la remontée. Ces bouteilles célèbrent les journées les plus importantes du record, celles au cours desquelles *Mobi* et moi franchissons les grands caps et l'équateur. Ce sont de grands moments pour nous, et j'imagine que nous les fêtons par respect des traditions.

C'est fantastique d'être en avance sur le record, et génial pour la motivation, mais nous savons qu'on en est encore qu'au début, et même si cette avance fait du bien, tout comme cette descente plein sud par bonne brise, il ne s'agit que d'une

> **C'était incroyable, ce rendez-vous avec la Royal Navy. J'étais très émue, après leur départ ; *Mobi* et moi, nous nous sentions très importants !**

première étape. Beaucoup de choses vont changer d'ici peu de temps, il n'y a aucun doute là-dessus.

J'ai divisé ce record en cinq segments : la descente jusqu'à l'équateur ; la descente vers les Quarantièmes ; les Quarantièmes ; la remontée vers l'équateur ; de l'équateur à la ligne d'arrivée. Les deux premières parties prennent environ dix jours, la troisième dure dans les trente jours, et les deux dernières, à peu près dix jours chacune. Nous venons de cocher la première case de dix jours et nous en sommes en gros au septième du parcours. Mais je regarde obstinément devant : d'abord me retrouver dans un endroit un peu plus frais, ensuite plonger vers les Quarantièmes.

C'était incroyable, ce rendez-vous avec la Royal Navy. Quelques heures avant de couper l'équateur, deux navires m'ont rejointe : le vaisseau auxiliaire *Gold Rover* et le HMS *Iron Duke*. La première chose que j'ai vue, c'est l'hélicoptère qu'ils ont envoyé pour m'alerter. Nous nous sommes parlé par radio. Je leur ai dit que je ne serais à la maison ni pour Noël, ni pour le jour de l'An. Ils m'ont répondu de ne pas m'en faire parce que je serais de retour pour la Saint-Valentin ! C'était vraiment étrange, ce contact, après une semaine sans voir personne. Ils m'ont accompagnée pendant une heure environ, et juste avant de s'éloigner, les équipages des deux bateaux sont montés sur le pont pour me saluer et m'encourager. C'était stupéfiant : un tel honneur ne m'était jamais arrivé ! J'ai discuté un moment avec le commandant, puis ils m'ont encadrée, l'un à tribord, l'autre à bâbord, et ils se sont éloignés, cap sur la Grande-Bretagne. J'étais très émue après leur départ ; *Mobi* et moi, nous nous sentions très importants !

À l'heure actuelle, il semble qu'un couloir se forme entre l'anticyclone de Sainte-Hélène et la dépression qui se creuse au large du Brésil. Parvenir à se glisser entre les deux ne va pas être évident : si nous descendons trop sud, derrière le front, la mer sera affreuse et le vent nul. Mais si nous restons trop nord, nous nous retrouverons englués dans les hautes pressions, le vent s'évaporera et il sera impossible de rester dans le bon couloir.

Le timing va donc se révéler absolument crucial. Ça peut payer, ou bien ne pas payer du tout, mais nous n'avons d'autre choix que d'emprunter ce couloir et d'espérer que ça va marcher. Il faut descendre le plus vite possible pour franchir ce passage qui doit nous propulser dans les Quarantièmes.

Rien ne garantit que nous aurons la même météo que Francis. Nous pouvons rapidement perdre toute l'avance accumulée jusqu'ici. Cette avance peut augmenter, ou diminuer, ça marche dans les deux sens. Quand je suis partie, je savais que Francis avait eu de très bonnes conditions lors de sa descente de l'Atlantique. C'est donc formidable de l'avoir devancé à l'équateur, mais comme l'Atlantique sud lui a été très favorable, reste à savoir ce qui nous attend et la vitesse à laquelle nous atteindrons les Quarantièmes. La prochaine marque sera le cap de Bonne-Espérance, et l'arrivée dans les hautes latitudes. Ce cap symbolise vraiment votre entrée dans le Grand Sud. Nous allons surfer sur les vagues des Quarantièmes durant un mois environ, et ce sera un sacré défi. Un défi qui me stresse, mais que j'attends avec impatience.

ONZIÈME JOUR 8/12/04
12 heures 31 minutes d'avance
270 milles à l'est-nord-est du cap Recife

J'ai essayé de dormir dans l'abri, sous la casquette – il commence à faire légèrement moins chaud, 29 °C au lieu des 35 °C littéralement suffocants. La route des Quarantièmes s'annonce épouvantable. J'en ai discuté avec Commanders Weather – nos routeurs météo américains. Apparemment, il nous faudra remonter contre le vent pour arriver dans le sud. Si nous essayons de traverser l'anticyclone de Sainte-Hélène, nous risquons fort d'y rester piégés. Je sais déjà que la suite s'annonce épuisante physiquement et mentalement, avec au menu des tas de changements de voiles, alors j'essaye de dormir et de m'alimenter le plus possible – j'ai même réussi à arracher deux heures de sommeil la nuit dernière. Nous approchons de l'endroit où Francis est allé très vite, il tenait les 19 nœuds de moyenne. J'ai essayé

> **La météo ne nous est pas aussi favorable qu'à Francis, et nous n'avons d'autre choix que de naviguer le mieux possible dans ces conditions. Je sais que ça s'annonce dur**

de gérer la perspective des prochains jours – mais le simple fait d'y penser m'a stressée et j'ai eu encore plus de mal à m'endormir !

Pour l'instant, nous dévalons les alizés de l'Atlantique sud et le vent est resté régulier ces derniers jours. Mais je sais que ça va changer d'ici à 36 heures. Il va nous souffler dans la figure, à cause de cette dépression qui se forme au large du Brésil. Très vite, cette dépression va se déplacer vers l'est et nous serons incapables de l'accompagner. Elle va probablement se fondre dans l'anticyclone et si nous essayons de la suivre, les hautes pressions vont nous avaler, si bien que nous avons intérêt à rester lucides sur la suite. Ce que je souhaiterais, c'est gagner dans l'est, pour plonger aussi vite que possible vers les Quarantièmes. Mais il semble bien que nous soyons contraints de naviguer contre le vent pour aller chercher une brise plus favorable, ce qui n'est absolument pas ce que je souhaite. Pourtant, quand je vois la taille de ces phénomènes, j'estime que c'est l'option la plus sûre…

Francis s'est régalé par ici. Il suffit de regarder ses moyennes : 16, 17, 18 nœuds lors de sa descente vers les Quarantièmes. Ça marchait pour lui, et il semble n'avoir subi aucun coup de frein durant toute sa descente. Espérons que nous ne ralentirons pas trop. La météo ne nous est pas aussi favorable qu'à Francis, et nous n'avons d'autre choix que de naviguer le mieux possible dans ces conditions. Je sais que la suite sera dure, j'en ai beaucoup discuté avec Commanders. Nous nous sommes dit que ça allait être pénible. Quoi qu'il se passe, ce sera pénible…

Il est toujours aussi difficile de se reposer quand chaleur et manque d'aération vous écrasent, même à l'abri de la casquette – vous dormez une demi-heure et vous vous réveillez la gorge sèche. La vie à bord n'est pas terrible, en ce moment : il fait tellement chaud, c'est affreux. Et comme nous sommes au vent de travers, les embruns volent, le cockpit est plein de sel. Chaque fois que vous allez sur le pont, vous êtes trempée, donc vous aussi, vous êtes recouverte de sel ! C'est déprimant. Dévaler les alizés de l'Atlantique nord jusqu'à l'équateur était bien plus agréable. Et quoi qu'il arrive, le mois qui vient promet d'être éreintant. Espérons seulement que les conditions qui m'attendent après le cap Horn seront assez stables pour me permettre d'arracher de temps à autre un peu de sommeil.

DOUZIÈME JOUR 9/12/04
13 heures 58 minutes d'avance
445 milles au sud-est de Salvador

Nous descendons toujours l'Atlantique sud, et nous approchons des îles Trindade. Il fait un peu moins chaud, c'est génial : par 16 degrés sud, la chaleur est moins accablante que ces derniers temps. Dans les prochains jours, nous allons nous rapprocher des Quarantièmes. Plusieurs dépressions traînent par ici, sans compter cet anticyclone qui se renforce à l'est du cap Horn et qui pourrait nous poser de gros problèmes. La météo n'est pas facile, mais il est essentiel de la gérer au mieux, parce qu'une fois que nous aurons accroché les vents d'ouest, tout ira beaucoup mieux.

D'ici là, nous allons affronter des conditions pas faciles. Les hautes pressions habituelles de l'Atlantique sud se sont scindées en deux et pour éviter de nous y engluer, nous devons faire du sud, ce qui revient à plonger vers les Quarantièmes plus tôt que je ne l'aurais souhaité. D'ici à trois jours environ, nous allons grelotter, nous allons passer sous Tristan da Cunha, cap à l'est dans les grands vents d'ouest. Pas l'idéal, mais c'est comme ça.

Nous devrons plonger au sud très tôt. Nous allons nous retrouver par 40 degrés sud sans nous en rendre compte et ce n'est pas l'endroit idéal, question icebergs. C'est un peu inquiétant, pour être tout à fait honnête

La nuit n'a pas été terrible, les conditions étaient assez irrégulières et je me faisais du souci à propos de ce qui nous attend dans le Sud, parce que nous allons prendre une sacrée raclée. Plus vous vous en approchez, plus vous réalisez que ça va être horrible. Nous devrons plonger au sud très tôt. Nous allons nous retrouver par 40 degrés sud sans nous en rendre compte et ce n'est pas l'endroit idéal, question icebergs. C'est un peu inquiétant, pour être tout à fait honnête. Nous venons de connaître deux heures en dents de scie : le vent faisait n'importe quoi, il passait du 66 au 100.

Nous avons treize heures d'avance sur Francis, en ce moment, mais cette avance va sûrement diminuer, parce que nous sommes contraints de plonger plein sud, alors qu'il pouvait suivre une route plus directe, cap au sud-est. Mais je ne me soucie pas trop de perdre du temps sur le record. Quand vous vous lancez dans ce genre d'aventure, vous passez par des hauts et des bas. Il y a de bons moments et des mauvais. Et manifestement, de très mauvais moments nous attendent, donc nous allons perdre tout ce que nous avons gagné sur Francis. Espérons que nous puissions lui reprendre du temps par la suite et que nous réussirons à le conserver. C'est ainsi que ça marche : vous devez faire de votre mieux, vous accrocher et tirer le meilleur parti possible de la météo. Je me concentre là-dessus.

TREIZIÈME JOUR 10/12/04
13 heures 53 minutes d'avance
720 milles à l'est de Rio

Nous avons presque atteint la borne des 5 000 milles et parfois j'ai l'impression que ce tour du monde dure depuis déjà un mois, parfois que nous sommes partis hier. C'est une drôle de sensation, comme si le temps du bord s'était arrêté. Vous avez vos petites habitudes, vous gérez votre petit univers, et vous devez vous concentrer de toutes vos forces pour donner le meilleur de vous-même.

Bonne nouvelle : apparemment, nous allons conserver plus de vent dans les prochaines 24 ou 36 heures que ce que je ne pensais. Nous allons pouvoir pousser le bateau et tenir une bonne vitesse plus longtemps que prévu, mais tout dépend de l'évolution de cette petite dépression dans notre sud et de la vitesse de déplacement de l'anticyclone qui est derrière nous. De toute façon, il faudra bien rejoindre les dépressions australes à un moment ou

un autre. Il faudra bien y aller. Et toute la question est de savoir quand et à quel point ce sera pénible.

Quand nous toucherons vraiment les fortes brises générées par ces dépressions, nous aurons dans les 35 à 40 nœuds de vent. La mer sera confuse, et il faudra prendre les vagues de face. Ça s'annonce très inconfortable et redoutable pour le bateau. Il faudra ralentir, rester calme et tâcher de ne rien casser. Quand nous toucherons les vents de nord puis de nord-ouest, nous pourrons ouvrir les voiles, et dès que les vagues le permettront, accélérer.

Le bateau s'est révélé fantastique, jusqu'ici. Je ne pouvais rêver mieux. Il va très vite, il tient merveilleusement la mer et c'est un régal de le mener. Certes, il est physique et les manœuvres sont très dures, mais je ne crois pas qu'il en existe de plus adapté au tour du monde en solitaire. Si quelque chose nous trahit, ce sera moi ! Tirer le maximum du bateau, vingt-quatre heures sur vingt-quatre, est un exercice littéralement épuisant. Je fais de mon mieux pour le pousser aussi loin que je le peux. Et j'essaie d'arracher autant de repos que possible, mais c'est vraiment très difficile. En fin de compte, je suis le moteur de ce bateau, donc le facteur limitant. Je m'efforce donc de donner tout ce que j'ai pour obtenir de lui les meilleures performances possibles tout en en prenant bien soin.

QUATORZIÈME JOUR 11/12/04
1 jour 2 heures 11 minutes d'avance
940 milles au nord-est de Tristan da Cunha

Nous avons franchi le cap des 5 000 milles avec un jour d'avance sur Francis. Pas de doute, c'est bon, cette **marge.** J'aime bien mieux l'avoir que d'être en retard, mais en même temps, je sais qu'on n'en est encore qu'au début. Cela ne fait que deux semaines que nous sommes partis, il en reste encore au moins huit, et tout peut encore changer d'ici là. Et même si cette avance fait du bien, même si c'est toujours ça de pris, mieux vaut ne pas vendre la peau de l'ours... d'autant que nous sommes encore loin de l'avoir tué.

L'Atlantique sud n'avait pas bonne mine, *a priori*, mais finalement, il nous a plutôt souri. Nous avons déjà couvert un tiers de la route entre le Brésil et l'Afrique du Sud, ce qui n'est pas si mal, même s'il reste encore un bout de chemin avant le Grand Sud. D'ici à deux jours, la suite promet d'être nettement plus stressante. Pour l'instant, le temps est agréable, il fait encore très chaud et le soleil brille. Mais bientôt, nous allons plonger au sud, dans des températures glaciales, et nous allons cavaler devant une puissante dépression des Quarantièmes. En ce moment, je me dis que

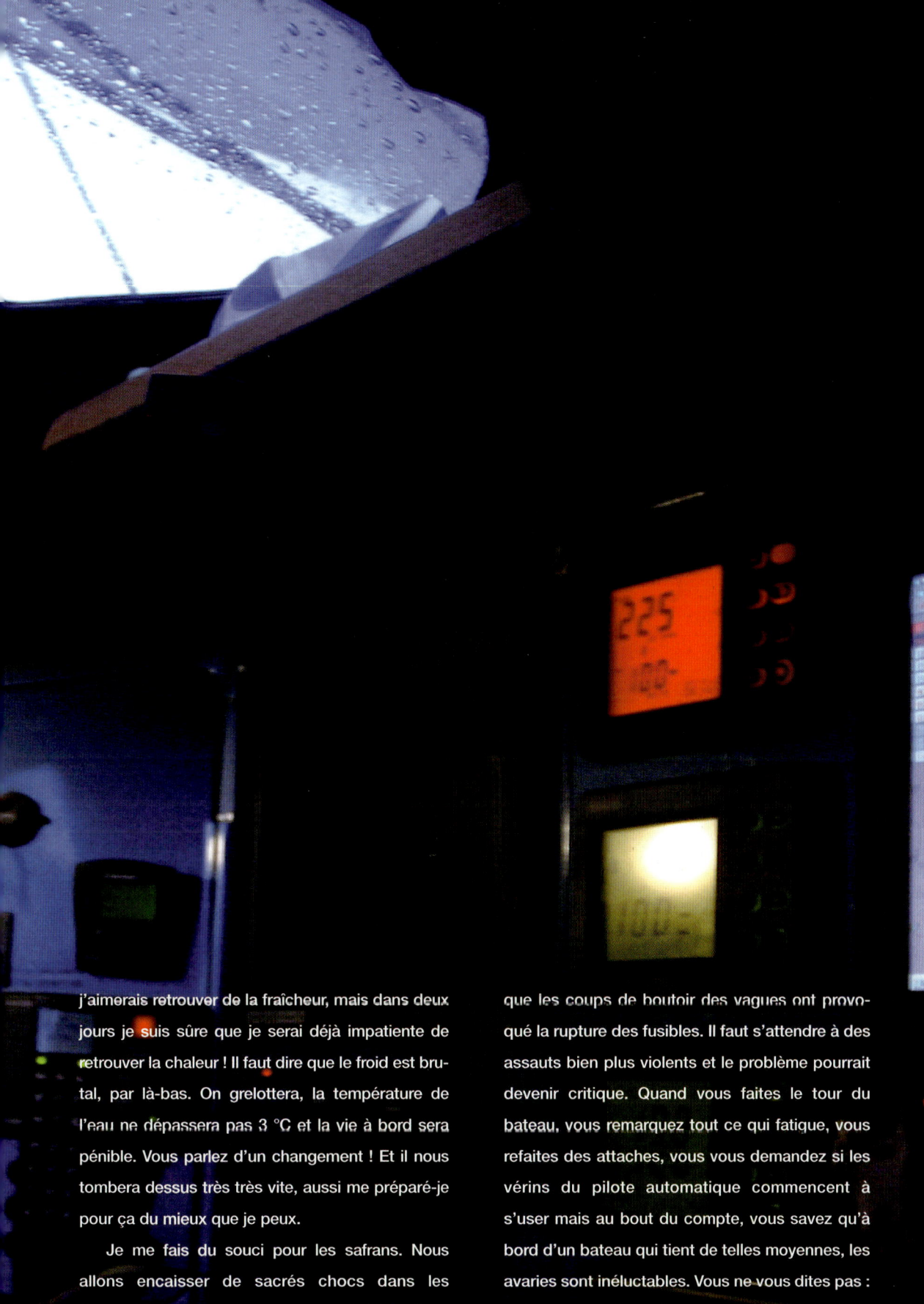

j'aimerais retrouver de la fraîcheur, mais dans deux jours je suis sûre que je serai déjà impatiente de retrouver la chaleur ! Il faut dire que le froid est brutal, par là-bas. On grelottera, la température de l'eau ne dépassera pas 3 °C et la vie à bord sera pénible. Vous parlez d'un changement ! Et il nous tombera dessus très très vite, aussi me préparé-je pour ça du mieux que je peux.

Je me fais du souci pour les safrans. Nous allons encaisser de sacrés chocs dans les Quarantièmes. Bien pires que ceux de l'Atlantique que les coups de boutoir des vagues ont provoqué la rupture des fusibles. Il faut s'attendre à des assauts bien plus violents et le problème pourrait devenir critique. Quand vous faites le tour du bateau, vous remarquez tout ce qui fatigue, vous refaites des attaches, vous vous demandez si les vérins du pilote automatique commencent à s'user mais au bout du compte, vous savez qu'à bord d'un bateau qui tient de telles moyennes, les avaries sont inéluctables. Vous ne vous dites pas : est-ce que quelque chose va casser, mais qu'est-

Je ne sais plus combien de fois ma tête a heurté le plafond et mes pieds le fond du bateau ; cette nuit, j'ai même dû m'envoler à cinq ou six reprises

QUINZIÈME JOUR 12/12/04
21 heures 23 minutes d'avance
2 030 milles au nord-est du cap de Bonne-Espérance

Depuis les premières heures du jour, nous naviguons sous un front, en plein Atlantique sud. Le vent est monté jusqu'à 37 nœuds, mais le véritable ennemi, c'est la mer. Les vagues sont gigantesques, et avec cette brise, nous décollons sur les crêtes avant de nous écraser dans les creux. Le bateau émet des bruits horribles, tout comme moi d'ailleurs, quand je rebondis contre la coque. Évidemment, je n'ai pas pu dormir. La mer est vraiment infernale. J'espère ne jamais retrouver pareilles conditions au cours du voyage. Impossible de faire quoi que ce soit. J'ai bien essayé ce matin, mais il est tellement difficile de simplement tenter de se déplacer dans le bateau ! Il faut tout le temps se tenir, ce qui ne vous empêche nullement d'être projetée à travers la cabine. J'ai été littéralement éjectée de la table à cartes ; je ne sais plus combien de fois ma tête a heurté le plafond et mes pieds le fond du bateau ; cette nuit, j'ai même dû m'envoler à cinq ou six reprises. Mais le bateau résiste merveilleusement, et j'essaye d'en faire autant.

On a eu pas mal de problèmes techniques depuis le départ, mais la question de la charge des batteries m'a littéralement minée. Après une semaine de mer, j'ai constaté que le générateur principal consommait beaucoup trop d'huile et que cette huile n'était pas renouvelable, en d'autres termes, que je n'avais pas assez d'huile pour finir le record avec ce générateur. C'est pourquoi, après avoir tout testé, j'utilise désormais le générateur de secours, un choix qui entraîne un tas de nouveaux problèmes, tels que l'aération du bateau et la lutte contre l'élévation de la température dans la cabine.

Le générateur de secours est en effet refroidi par air, non par eau comme l'autre, ce qui signifie qu'il chauffe énormément, qu'il aspire l'air de la cabine et le rejette encore plus brûlant ! Du coup, même avec les panneaux grands ouverts, la température dans le compartiment des générateurs a atteint 48 °C la première fois que je l'ai mis en route. Sans compter qu'il est extrêmement bruyant et que son alternateur ne fournit que 55 ampères, là où l'autre m'en donne 200. Ce qui implique de charger beaucoup plus souvent et de laisser tourner le générateur beaucoup plus longtemps. Tout cela est incroyablement stressant et me ronge l'esprit, d'autant que nous ne l'avons pas encore utilisé assez longtemps pour savoir s'il tiendra jusqu'au bout du voyage et si, de mon côté, je pourrai résister aux fumées qu'il dégage.

Avant mon départ, nous avons passé en revue tous les plans de secours utilisables en mer, en cas de besoin. Depuis la construction du bateau, nous avons toujours embarqué le générateur de secours. Il n'était pas destiné à remplacer purement et simplement le générateur principal, mais à nous dépanner, et c'est exactement ce qu'il fait en ce moment. Sauf qu'avec ce problème d'huile, recourir au générateur de secours, au bout de deux semaines seulement, est une sacrée tuile. Seule lueur d'espoir : que je puisse réutiliser le générateur principal après le cap Horn avec une huile différente, pour les dernières semaines du voyage. Ce qui améliorerait beaucoup la situation.

J'ai eu aussi des problèmes avec l'un des dessalinisateurs, qui m'a lâchée. Hier, j'ai essayé de le faire tourner en même temps que le générateur mais il a fait de drôles de bruits, et j'ai dû l'arrêter. Aujourd'hui, j'ai essayé de le faire marcher sans le générateur, uniquement sur l'électricité du bord, mais ça n'a pas fonctionné non plus.

C'est ce qu'il y a de plus démoralisant : chaque fois que vous croyez avoir résolu à peu près un problème, un autre surgit ou quelque chose cesse de fonctionner

C'est grave, mais il n'y a qu'à espérer que tout tienne encore pendant le mois qui vient, pour nous permettre de sortir des Quarantièmes. Pour moi, devoir faire face à ces problèmes, tout en continuant de mener le bateau dans ce vent et cette mer était incroyablement stressant. J'ai tenté d'améliorer l'aération de la cabine en attachant des ventilateurs aux panneaux ouvrants, tout en étant projetée dans toutes les directions, tandis que j'essayais de les connecter. J'ai aussi voulu convertir le chauffage du générateur en ventilateur, juste pour brasser l'air chaud. Et fouiller sous les planchers pour tenter de reconnecter dix fils provenant de câbles différents n'était pas des plus plaisants. Accroupie, en sueur, jouant des pieds et des mains dans le gazole qui s'échappait des tuyaux du chauffage… Et tout ça en réalisant l'équivalent d'une vidange tandis que le bateau rebondissait sur des vagues de 9 à 12 mètres de haut… Pas exactement l'idée que je me fais du plaisir à l'état pur… C'est ce qu'il y a de plus démoralisant : chaque fois que vous croyez avoir résolu à peu près un problème, un autre surgit ou quelque chose cesse de fonctionner. Ces deux semaines ont été exténuantes et ce n'est vraiment pas génial d'attaquer les Quarantièmes dans l'état de fatigue où toutes ces avaries m'ont mise.

SEIZIÈME JOUR 13/12/04
9 heures 56 minutes d'avance
1 825 milles à l'ouest du cap de Bonne-Espérance

J'ai réussi à dormir un peu ce matin et un petit peu cet après-midi, mais j'ai besoin de sommeil, de beaucoup plus de sommeil. Je suis complètement cuite ; hier soir, j'ai touché le fond et j'ai failli abandonner. Ça s'est joué à rien. J'en étais au stade où je ne pouvais plus respirer dans le bateau. Je ne pouvais plus charger les batteries, je ne pouvais plus fabriquer d'eau douce. Je ne savais plus quoi faire. Et pourtant, j'ai réussi à améliorer la situation : j'ai installé une sorte de gaine de ventilation sur le générateur, ce qui signifie que de l'air plus frais entre dans la cabine et que la température grimpe moins vite. Je pense que ça m'a permis de bloquer l'arrivée d'air chaud et de réduire l'émission de gaz d'échappement dans la zone de vie. Il me faudra surveiller comment tout ça fonctionne lors de la

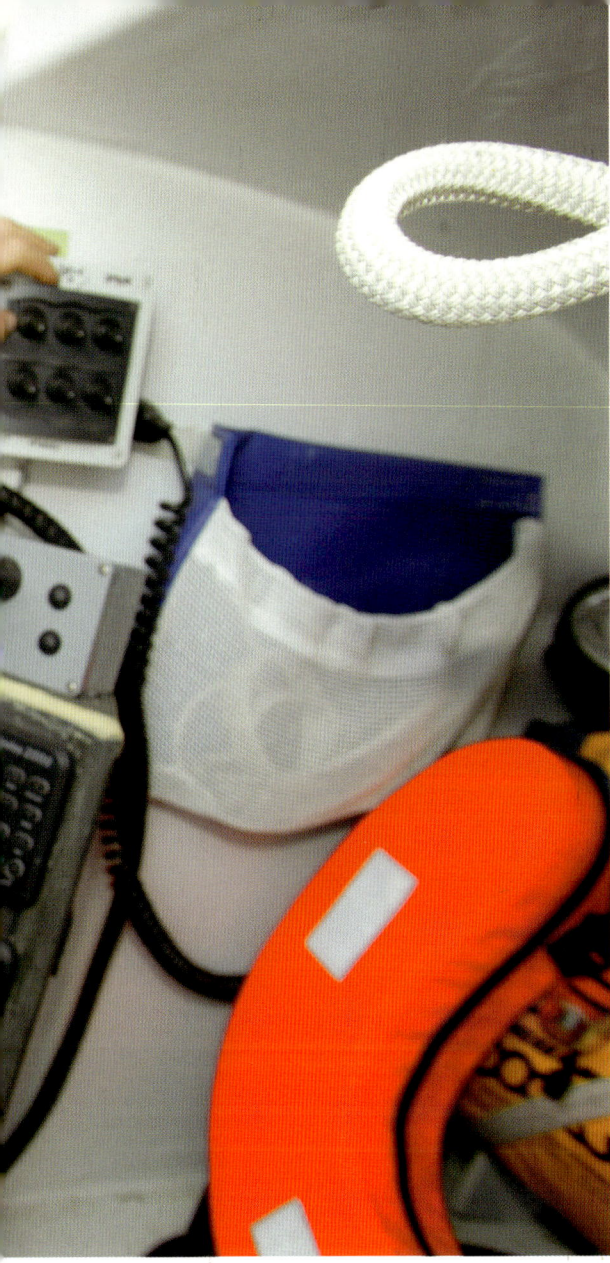

prochaine charge ce matin, mais c'est déjà ça. Il fait toujours 43 °C dans le bateau, mais au moins, il n'y a plus de fumées. La chaleur devrait diminuer au fur et à mesure de ma descente vers le sud. Nous aurons de l'air plus frais : gros avantage quand le générateur tournera. Mais tout cela me vide et me déstabilise. Il me faudra du temps pour récupérer. J'ai hurlé de joie quand j'ai démarré le générateur et que le nouveau système de ventilation a marché. J'ai encore un paquet de bricolage à faire avant que tout soit nickel, mais le principe fonctionne.

J'ai aussi réparé le second dessalinisateur, et au moins l'un des deux est en état. J'ai mis des heures à trouver la solution : il y avait un problème dans l'admission d'eau, mais je ne voyais pas d'où il venait. J'ai fini par remplir le ballast de secours, près de la dérive, puis je me suis servi du tuyau de la pompe de cale manuelle pour aspirer de l'eau vers le dessalinisateur par les évents du ballast. Chacune des coques de *Castorama* comporte en fait deux « étages », et dans la coque centrale je peux presque me tenir debout sur chacun de ces niveaux. N'empêche qu'essayer d'attacher le tuyau au fond du ballast n'a pas été très drôle : une tonne d'eau a jailli du ballast, manquant de me balayer et me trempant copieusement.

Finalement, j'ai quand même réussi à le réparer, et au moins, maintenant, je dispose de quelques litres d'eau douce. Je suis crevée, mais je vais essayer de réparer l'autre dans la foulée. Nouveau problème : les batteries se déchargent bien plus vite qu'avant et je ne sais pas d'où ça vient. Nous ne chargeons qu'à 10 ampères et je n'arrive pas à voir où est la fuite. Je les ai rechargées il y a moins de six heures et il faut déjà recommencer, et ça m'inquiète plutôt. Normalement, je dois charger toutes les huit heures, pas toutes les six. Et ça fait une sacrée différence en terme de consommation de gazole.

J'ai tenté de dormir une heure ou deux dans mon sac de couchage, mais j'étais trop agitée : j'avais trop chaud, trop froid, trop de choses dans la tête. Pourtant, je sais que j'ai besoin de plus de sommeil. Cette bagarre m'a complètement épuisée. Et pourtant, je suis toujours là. Espérons que le plus dur est passé et que les choses seront un peu plus faciles, désormais. J'ai besoin d'un peu de temps pour récupérer. Techniquement parlant, j'estime que nous nous sommes plutôt bien débrouillés pour préserver la suite, en dépit de tous les problèmes rencontrés. Le tout est de connaître le degré de fiabilité des générateurs, la façon dont nous allons pouvoir les gérer, et leur capacité à tenir jusqu'à la fin du voyage.

DIX-SEPTIÈME JOUR 14/12/04
4 heures 2 minutes d'avance
Par le travers de Tristan da Cunha

« Le mot d'ordre du jour, c'est : DORS PLUS, SOUFFRE MOINS. J'ai essayé de me graver ça dans le cerveau hier soir, j'ai essayé de toutes mes forces de dormir – ce qui est parfois plus facile à dire qu'à faire – mais, bon, il fallait bien essayer… Dès qu'il a fait nuit, j'ai appelé mes routeurs et je leur ai dit : « Pendant les heures qui viennent, je vais naviguer sous grand-voile haute et solent et je me fiche de ce que va faire le vent, et du cap qu'il va m'imposer. Je vous rappelle dans trois heures. » Et c'est exactement ce que j'ai fait. Je me suis déshabillée, je me suis glissée dans mon duvet et je me suis allongée dans ma couchette pour la première fois du voyage, et même si ça n'a duré que deux heures, j'ai dormi.

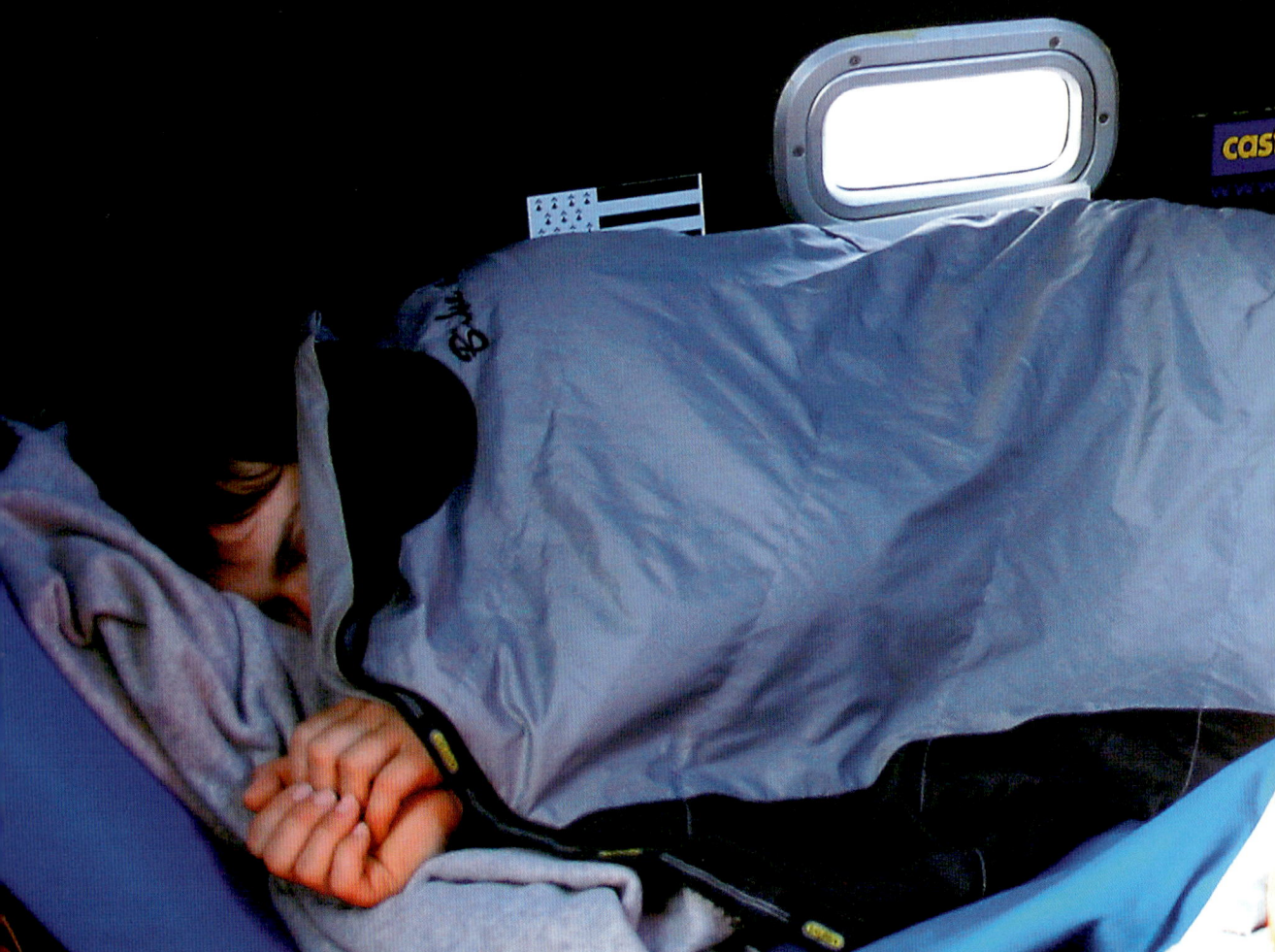

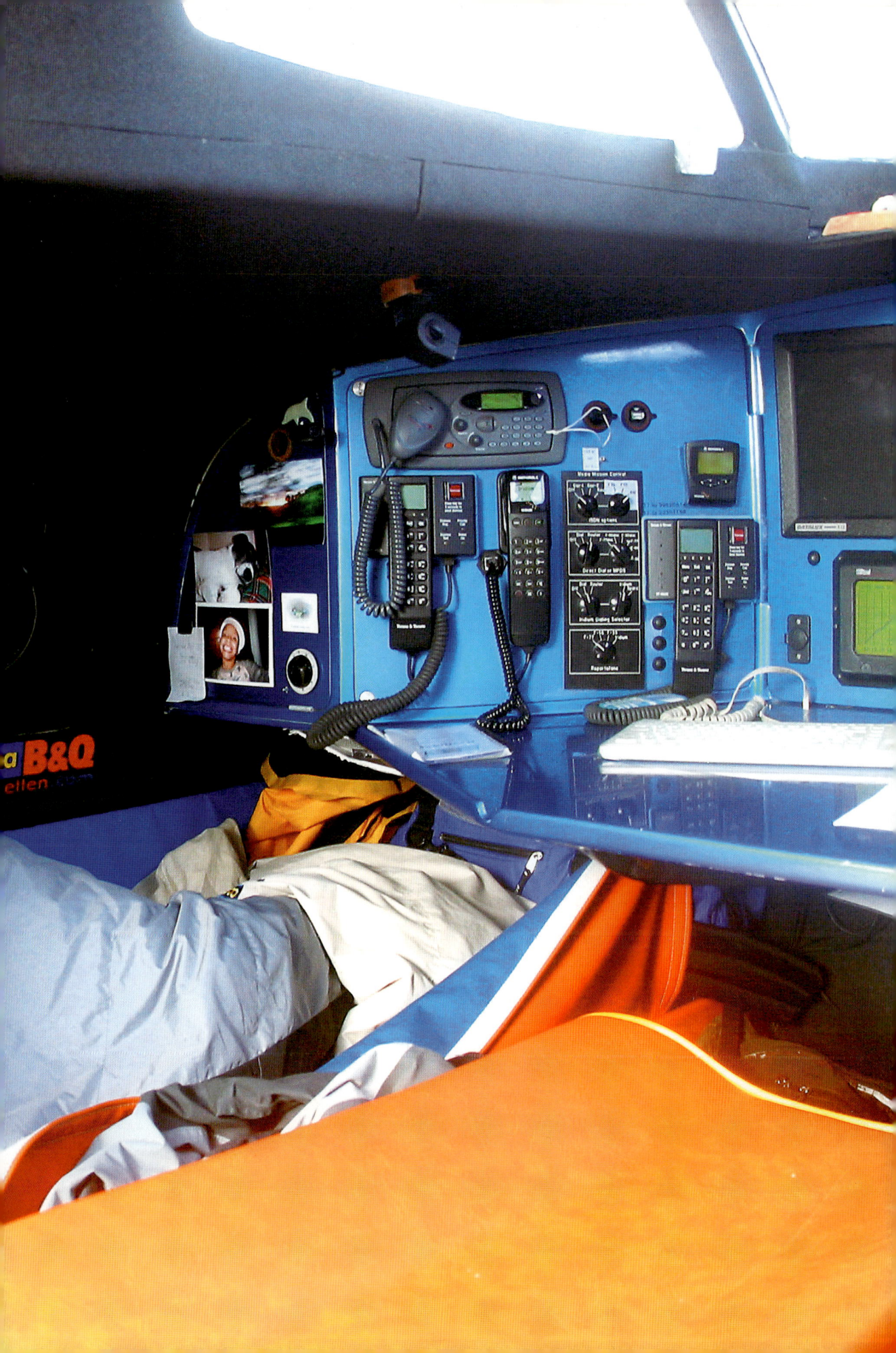

Les épreuves et les misères des derniers jours semblent loin derrière. Tout est sous contrôle

Après l'horreur des dernières 36 heures – 30 nœuds de vent en pleine figure et une mer démontée – tout semble maintenant presque irréel. Ce matin, j'ai émergé de mon fauteuil poire (vous voyez que l'épisode couchette ne pouvait pas durer bien longtemps !) pour découvrir quatre magnifiques albatros qui planaient derrière *Castorama*. Ce sont les premiers que je vois au cours de ce voyage et ils sont toujours aussi élégants et majestueux. Il y a mieux : pour la première fois, je me sens un peu plus chez moi à bord. Ce matin, après avoir admiré les albatros, je n'ai pas pu me rendormir, alors j'ai fait quelques rangements : j'ai trouvé une place pour des trucs qui avaient été stockés en vrac dans des sacs, j'ai collé dans la cabine des photos jusque-là empilées dans une boîte. De quoi me sentir un peu à la maison, en somme. Et pour couronner le tout, le vent est rentré et la mer est presque plate. Maintenant, nous fonçons sous génois et grand-voile haute et sur tribord, je vois Tristan da Cunha, une île superbe. Le ciel est gris, mais c'est aussi bien… Je préfère presque ça au soleil impitoyable de l'équateur. Oh, ça va bientôt changer, j'en suis sûre. Ce matin, Ellen s'est retrouvée… mieux, elle a redécouvert la magie d'être en mer. Les épreuves et les misères des derniers jours semblent loin derrière. Tout est sous contrôle et nous descendons vers le GRAND SUD !! »

Ellen Xx

Entre aujourd'hui et avant-hier, la différence de perspective est radicale. C'est comme le jour et la nuit. Nous avons affronté des difficultés terribles, et durant des jours, tout semblait vraiment se liguer contre nous. La question de l'énergie semble maintenant résolue. Ça n'a pas été simple, mais pas si grave, et désormais, il est possible de se tenir à l'intérieur du bateau pendant qu'on charge les batteries. Les choses se sont nettement améliorées, j'envisage la suite sous un angle nettement plus positif et je suis sûre qu'un peu de chaleur ne peut pas me faire de mal, du moins dans l'Atlantique sud. Ce matin, le fait de doubler l'île Tristan da Cunha et de découvrir les albatros a tout changé : le paysage, comme mon point de vue !

MORE !
LESS !

✓ USHANT
✓ EQUATOR
✓ GOOD HOPE
✓ LEEUWIN
✓ HORN
✓ EQUATOR
▪ USHANT

WE'RE THROUGH !!
YA-HOO !

DIG
DEEP....

+ve !

BELIEVE

DIX-HUITIÈME JOUR 15/12/04
14 heures 29 minutes d'avance
1 085 milles au sud-ouest
du cap de Bonne-Espérance

On est allé vite, ces derniers jours. Pour le moment, j'ai plutôt tendance à freiner le bateau qu'à le pousser, parce que la mer se creuse. Donc, les moyennes quotidiennes vont plutôt baisser qu'augmenter. Jusque-là, c'était génial : le vent a tenu toute la nuit, les vagues étaient faciles, et la brise soufflait dans la bonne direction. Le bateau allait vite. C'était vraiment super de pouvoir le pousser sur la mer plutôt plate que nous avons trouvée hier soir et de le sentir glisser sans effort à travers les vagues. Nous essayons de tenir un cap plein est plutôt que de plonger tout de suite au sud, parce que la brise de nord-ouest nous empêche de suivre la route idéale. Mais dès que ce vent va tourner à l'ouest, nous empannerons et nous descendrons au sud-ouest. Si nous descendons trop bas dans cette brise, nous nous retrouverons bien trop au sud quand elle basculera à l'ouest. Et donc trop près des glaces. Donc, pour le moment, nous fonçons le plus vite possible plein est. Nous sommes déjà plus sud que Francis, il y a un an, et notre avance augmente sans cesse, du seul fait qu'à cette latitude plus extrême, la route est plus courte. Nous avons déjà environ quinze heures d'avance, et nous ne devrions pas traverser de zones de vents plus faibles – peut-être pendant quelques heures ce soir – donc, *a priori*, nous devrions pouvoir conserver une vitesse plutôt élevée d'ici au cap de Bonne-Espérance.

Il fait un peu plus frais désormais, et la température de l'eau est tombée à 15 °C. Le ciel est uniformément gris, le soleil a disparu : c'est notre première dépression des Quarantièmes. En réalité, nous n'y sommes pas encore tout à fait : notre latitude est de 38° 22'S. Les Quarantièmes commencent logiquement par 40 degrés de latitude sud. Mais nous sommes déjà aux portes du Grand Océan austral. Nous allons y rester un bout de temps, donc à partir de maintenant, tout est différent. Aussi bien physiquement que mentalement.

DIX-NEUVIÈME JOUR 16/12/04
13 heures 57 minutes d'avance
660 milles au sud-ouest
du cap de Bonne-Espérance

« Quelques réflexions en ce matin très humide, tandis que nous attendons le passage d'un front pluvieux. Je regarde par les hublots de *Castorama* et je vois les grandes vagues grises et le crachin monotone. Le monde s'est refermé sur nous, et nous ne voyons rien au-delà d'un rayon de 400 mètres. Nous avons plus de vent que je ne l'avais prévu. Il est assez irrégulier mais se maintient autour de 25 à 28 nœuds. Mais nous marchons bien et avec ces conditions variables, je suis sûre que je fais ce qu'il faut en ne poussant pas trop le bateau… Nous devrions empanner d'ici à quelques heures, de toute façon, aussi larguer le troisième ris ne serait-il pas judicieux.

Aux premières heures de cette matinée, je remarquai à quel point la vie à bord peut être différente de la vie à terre. D'abord, le petit monde que nous formons, *Castorama* et moi, est comme une petite île. J'espère que nous avons emporté tout ce qu'il nous faut, mais je sais qu'il ne me restera qu'à improviser quand je constaterai le contraire. À bord, vous n'avez pris que le strict nécessaire, donc chaque fois que vous détachez un morceau d'essuie-tout, ou que vous coupez un centimètre d'adhésif, vous vous rapprochez de la fin de ces rouleaux. Tout est soigneusement vérifié avant de partir à la poubelle, simplement pour être bien sûre que vous n'en aurez plus l'usage. Vous devez être pleine de ressources, et résoudre les problèmes quand ils se posent. Il y aura toujours des problèmes. Toujours… Vous ne pouvez qu'espérer qu'il sera possible de les surmonter, de les résoudre. Le reste n'est logiquement qu'un jeu de patience. En fait, c'est une vie très simple.

Je pense qu'il est sain, parfois, de ne pas se préoccuper de soi en priorité. De décider, par exemple, que le bateau passe avant, pour la bonne raison que si je le laisse se dégrader,

il ne sera plus en état de veiller sur moi. Je surveille en permanence le niveau des batteries ; chaque goutte de gazole nécessaire à la charge est mesurée. Je ne laisse jamais une ampoule inutilement allumée ; quinze coups de pompe, pas plus, pas moins, sont suffisants pour remplir la bouilloire, juste assez pour un plat lyophilisé ou une tasse de thé. Le tout est de gérer mon petit espace, de le tenir aussi sec et chaud que possible. Je n'ai pas grand-chose ici, en fait. Il n'y a aucun luxe, juste quelques CD et quelques photos ici et là. Mais j'ai une chance énorme, parce que le plaisir est en moi, le luxe est en moi. Ces moments partagés avec mes proches et mes amis, les petites choses qui font sourire les gens, tout cela m'accompagne à tout moment. Tout cela est sans prix et, heureusement pour ma tentative, ne pèse rien !

Curieux la façon dont l'esprit travaille, lorsque vous êtes assise dans un voilier, au milieu de cette grande portion de grisaille, au cœur d'un océan magnifique.

Voilà, c'est tout pour le moment… »

ellen

Je regarde par les hublots de *Castorama* et je vois les grandes vagues grises et le crachin monotone. Le monde s'est refermé sur nous

La météo prévoyait que le vent devait faiblir, mais il souffle encore à 20-25 nœuds, ce qui prouve que les fichiers météo ne sont pas du tout fiables dans les Quarantièmes et qu'on ne peut jamais trop s'y fier. J'étais en conversation avec Commanders, hier vers minuit. Dehors, il y avait encore 20 nœuds de vent et eux, ils me disaient : « Ouais, c'est ça, les vents sont en train de changer en ce moment, ils vont baisser et tourner. » Mais ce n'est pas ce qui s'est passé. La brise continue de souffler de la même direction que ces derniers jours, autant dire contraire, elle n'a ni tourné, ni faibli.

J'ai changé de voile en prévision de cette molle. J'ai amené la trinquette et largué le troisième ris, ce qui n'est pas une manœuvre de tout repos et bien évidemment, le vent en a profité pour fraîchir. J'ai quand même gardé la même combinaison de voilure, pour l'instant ça va. Mais pour peu que ça fraîchisse encore, je serai rapidement obligée de réduire.

Dans l'ensemble, je me sens beaucoup mieux que ces dernières semaines. Je vois les choses sous un meilleur jour. Je me sens plus à l'aise dans les Quarantièmes qu'à l'équateur, quand il faisait tellement chaud. Mais c'est vraiment dommage de n'avoir pas pu conserver cette chaleur dans le Sud. La nuit, il fait déjà vraiment froid. Après les manœuvres, je redescends complètement trempée de sueur, du coup je gèle quand je tente de dormir

sans quitter mon ciré humide. Et même quand je me déshabille avant de m'allonger dans ma couchette, il me faut un temps fou pour me réchauffer tellement je suis transie.

J'estime que personne ne devrait naviguer par ici sans éprouver une solide trouille des Quarantièmes. C'est un endroit complètement désolé. Vous vous trouvez au bout de la planète, au milieu de nulle part. Pratiquement personne ne vit par ici. Il n'y a que quelques îles éparpillées dans l'océan glacé. Quelle idée d'aller y naviguer ! Pas facile d'admettre que je fais pratiquement le tour du monde, tout en bas de la Terre. C'est excitant, mais en même temps super dangereux.

J'estime que personne ne devrait naviguer par ici sans éprouver une solide trouille des Quarantièmes. C'est un endroit complètement désolé. Vous vous trouvez au bout de la planète, au milieu de nulle part

VINGTIÈME JOUR 17/12/04
16 heures 16 minutes d'avance
Record en solitaire Ouessant – Bonne-Espérance

Nuit horrible. Je n'ai quasiment pas dormi. Le vent n'arrêtait pas de fraîchir puis de mollir. On a pris une raclée, mais je crois que je m'en suis bien sortie. Ce matin, vitesse et vent corrects. Nous filons sous un ciel sans nuages, ce qui est bien différent des jours précédents. Je vois de grandes quantités de pétrels et d'albatros autour du bateau. J'ai débouché une deuxième bouteille de champagne quand nous avons doublé le cap de Bonne-Espérance, qui marque la pointe de l'Afrique. Tous les quatre, c'est-à-dire les trois coques du bateau et moi, nous sommes officiellement dans les Quarantièmes. Allez *Mobi* ! C'est génial d'avoir battu le record de Francis, c'est un bon début dans les Quarantièmes.

Bonne-Espérance marque la limite entre l'Atlantique et l'Indien. Dans quelques heures, nous aurons quitté le premier et nous ne le retrouverons pas avant d'avoir doublé le Horn. Le deuxième est célèbre pour ses grosses tempêtes et ses dépressions qui se forment sur l'Afrique. En général, ces dépressions génèrent des vents très puissants. Elles peuvent se creuser très vite et provoquer des situations très dangereuses. Il arrive que les perturbations plongent brusquement plein sud et qu'elles deviennent alors extrêmement brutales. Il faut rester constamment sur ses gardes, examiner avec soin les photos-satellite, essayer de rester dans les zones de vent maniables, et surtout se tenir au large des coins dangereux qui pourraient mettre fin à cette tentative.

J'ai réussi à arracher un peu de sommeil. J'ai démarré le générateur, branché l'alarme de vents forts et je me suis jetée dans ma couchette. J'ai essayé de m'endormir, mais j'ai dû me relever pour aller changer de voile. Aujourd'hui, c'est la troisième fois que se répète ce scénario. Mais tenter de dormir dans l'abri, sous la casquette, n'est vraiment pas idéal. J'ai voulu le faire après une manœuvre, cette nuit. J'étais en sueur, je me suis enveloppée dans une couverture et je me suis réveillée complètement transie. Et encore, il ne fait pas si froid que ça !

VINGT ET UNIÈME JOUR
18/12/04
20 heures 17 minutes d'avance
205 milles dans l'est du cap de Bonne-Espérance

« Même si ces dernières vingt-quatre heures, on a traversé des moments absolument terrifiants, on en a connu d'autres plutôt incroyables. Nous surfons l'énorme houle des Quarantièmes, qui forme comme des montagnes en pleine mer, il faut le voir pour le croire. Et au milieu de tout ça, des vagues gigantesques roulent à perte de vue. Il faisait très sombre, la nuit dernière, on n'y voyait rien. Il n'y avait que le feulement de *Castorama* qui chargeait à pleine vitesse et le grondement des déferlantes. Les vagues sont tellement escarpées que le pauvre *Casto* semble tour à tour dévaler des cols puis escalader des sommets. Les lames s'écrasent régulièrement sur le flotteur au vent. Le truc étonnant, c'est que la phosphorescence des crêtes est invraisemblable,

Nous surfons sur l'énorme houle des Quarantièmes, qui forme comme des montagnes en pleine mer, il faut le voir pour le croire. Et au milieu de tout ça, des vagues gigantesques roulent à perte de vue

ahurissante, bien plus vive que l'éclairage des cadrans. C'est superbe. J'ai essayé de me reposer, roulée en boule sous la casquette, mais au sommet de chaque montagne d'eau, je passais mon temps à m'interroger sur la brutalité du prochain atterrissage.

La nuit dernière, j'ai effectué une série de changements de voiles entièrement à l'adrénaline.

Le vent atteignait 45 nœuds, et nous surfions régulièrement à plus de 30 nœuds (quand on plongeait dans le noir total au fond des énormes vagues…).

Au lever du soleil, le spectacle était saisissant : il régnait une lumière irréelle, et comme toujours, des centaines d'oiseaux cerclaient autour de nous. Il y avait des albatros errants et des albatros de suie, des pétrels-tempêtes à ventre noir et de petits puffins. Tous dansaient dans la brise avec les vagues gigantesques. J'ai pensé que pour eux, ce n'était qu'un jour ordinaire dans les Quarantièmes. C'est comme moi, au fond. Parfois, j'ai du mal à me dire que je ne fais que mon boulot. »

ellen xx

Gros stress, la nuit dernière, et moments plutôt tendus. Le vent a atteint 46 nœuds pendant un changement de voiles pas évident. Le bateau marchait à plus de 30 nœuds et j'ai dû batailler si dur pour changer de voiles que j'ai cru que j'allais cracher mes poumons. J'avais la gorge en feu.

La mer est stupéfiante. C'est un peu comme de naviguer en haute montagne. Ou de dévaler des pentes en 4 X 4. Par moments, vous plongez dans des ravins, puis vous escaladez des crêtes. Mais la différence, c'est que les montagnes se déplacent et que vous vous retrouvez sans cesse en glissade sur leurs flancs. C'est un spectacle dantesque, la houle est vraiment énorme. Nous sommes passés au-dessus d'un massif sous-marin. Brusquement, la profondeur est remontée de 4 000 à 1 000 mètres et la mer est devenue épouvantable. Sans compter qu'il y avait aussi 3 nœuds de courant contraire ! Je pensais que le speedomètre avait un problème et je n'arrêtais pas de me dire que tout ça était dingue, jusqu'à ce que je comprenne, quand j'ai découvert ce sommet sous-marin sur la carte. J'ai eu l'impression que nous y passions une éternité. Maintenant, le vent commence à s'essouffler, du coup la mer se calme un peu. Mais à l'aube, quand le soleil est apparu, le spectacle était superbe. Nous avons fait quelques surfs limites, nous allions tellement vite ! Mais je dois dire que le bateau est génial, il se comporte merveilleusement bien. C'est tellement beau ces vagues, ces déferlantes, ces albatros et toute cette vie sauvage, spécialement dans la lumière rasante du couchant…

Les icebergs m'inquiètent, comme d'habitude ; si nous tenons ce cap encore vingt-quatre heures, nous allons forcément en voir. Espérons que nous pourrons empanner dès que la mer descendra à

5 °C. Il faudra que je surveille ça de près dans les heures qui viennent.

La vitesse a commencé à chuter, maintenant, et il faudra bientôt empanner pour faire route à l'est. La mer reste grosse mais le vent est bien tombé, du coup nous n'allons pas bien vite. Pourtant, un nouveau système météo nous arrive par l'ouest et nous n'allons pas tarder à réavaler les milles à grande vitesse. Mais la mer reste très forte, et il ne sera pas facile de foncer là-dedans. Il serait stupide de pousser le bateau dans ses retranchements, car il suffirait d'une mauvaise rafale avec trop de toile pour nous faire chavirer. En une seconde, tout serait fichu. Si ça continue de faiblir comme ça, je pourrais bien passer sous solent et me préparer à empanner. À donf !!

***Castorama* a touché
l'eau pour la première
fois il y a exactement
un an à Sydney
et depuis, il a déjà
parcouru 30 000 milles**

VINGT-DEUXIÈME JOUR
19/12/04
1 jour 4 heures 21 minutes d'avance
240 milles au nord des îles du Prince-Édouard

C'est un grand jour aujourd'hui, c'est le premier anniversaire de *Mobi*. *Castorama* a touché l'eau pour la première fois il y a exactement un an à Sydney et depuis, il a déjà parcouru 30 000 milles. Nous avons fêté ça ce matin. J'ai débouché la petite bouteille de champagne que je réservais pour Noël, parce que je pensais que l'occasion était plus belle. J'ai colorié une petite rosette avec la légende : 1 an aujourd'hui. J'ai plutôt bon moral, même si, ce matin, c'est un peu décevant de trouver des vents plus légers que prévu.

Ces dernières vingt-quatre heures ont été placées sous le sceau du système dépressionnaire qui approche par l'ouest. Mais la nuit a été bonne et nous avons tenu des vitesses élevées. La plupart du temps, nous marchions à plus de 20 nœuds, ce qui nous a permis de dépasser les vingt-quatre heures d'avance sur le record et ça fait du bien. Hélas, ce matin, le temps joue avec mes nerfs. Les conditions sont devenues très variables. Le vent est tombé à 15 nœuds, puis il est remonté à 25 nœuds. J'espère qu'il va fraîchir une fois de plus, pour atteindre les 25 à 30 nœuds, avec peut-être des rafales à 40. Pour l'instant, il y a bien moins que ça, donc je croise les doigts.

En ce moment, nous naviguons cap à l'est-nord-est, dans le nord-ouest de l'île Marion, à 250 milles environ de la ligne de convergence antarctique. La mer est beaucoup moins forte qu'avant, mais elle devrait grossir à nouveau dans la soirée, et demain, le vent devrait se renforcer. Ça va bientôt décoiffer, donc c'est le moment de se reposer. Cette nuit, j'ai réussi à m'allonger à trois reprises dans ma couchette. Pas si mal quand même.

Mais l'une des épreuves les plus dures, par ces nuits sans lune, c'est de foncer à l'aveugle dans des vagues de 9 mètres de haut. C'est le moment d'avoir pleine confiance en soi et en son bateau, d'être persuadé de prendre de bonnes décisions, comme de changer de voile au bon moment.

Et de ne surtout pas surcharger le bateau, ce qui vous conduirait directement à la sortie de route au bas des vagues, avec tout ce que cela implique. Pas facile, en somme, de tenir des moyennes élevées quand vous dévalez les vagues sans rien voir du tout.

J'essaie de toutes mes forces de ne pas penser aux moyennes à tenir pour battre le record, parce que nous n'aurons pas le même temps que Francis. Il y aura des périodes plus favorables et d'autres moins. C'est la seule attitude possible. Si vous donnez le meilleur de vous-même à tout instant, ça doit passer. Mais il serait dangereux de se fixer des objectifs intermédiaires, la pression est déjà suffisamment forte sans ça, par ici.

Après trois semaines de mer, nous avons plus de vingt-quatre heures d'avance sur Francis et cette marge fait du bien. Mais la météo qui nous attend n'a pas l'air géniale, elle promet une zone de vents faibles qu'il nous faudra tenter d'éviter. Je ne serais pas étonnée que nous perdions plusieurs heures dans l'affaire. Mais je redoute surtout cette grosse dépression qui se creuse sur notre route car je ne vois pas comment y échapper. Elle est située à l'est des Kerguelen, à six jours d'ici, mais je ne sais pas comment nous pourrions ne pas la prendre. Or il faut à tout prix esquiver les vents de 50 à 60 nœuds. Même au prix d'un arrêt complet du bateau.

Je pense que je suis la fille la plus vernie au monde. J'ai la chance de voir, de sentir, de toucher, de respirer tout ça de tous les pores de ma peau, et je me sens pleinement vivante

VINGT-TROISIÈME JOUR
20/12/04
18 heures 4 minutes d'avance
400 milles à l'ouest des îles Crozet

« Il va bientôt faire nuit et les vagues ne diminuent pas… En fait, depuis que nous avons empanné, elles semblent plus grosses et plus puissantes. Je suis totalement émerveillée par cet endroit. La beauté de ces immenses rouleaux est sans limite. Leur procession infinie et majestueuse dégage une impression d'éternité. Contempler cette grande chasse que jamais rien n'arrête nous donne, à *Castorama* comme à moi, la mesure de notre complète insignifiance.

Ces vagues s'aperçoivent à peine de notre minuscule présence. Quant aux oiseaux, aussi nombreux que divers, ils paraissent plus audacieux aujourd'hui. Ils osent s'approcher et jouer avec le vent en avant de l'étai. Je me tiens dans le cockpit et j'admire. Je pense que je suis la fille la plus vernie au monde. J'ai la chance de voir, de sentir, de toucher, de respirer tout ça de tous les pores de ma peau, et je me sens pleinement vivante. Reste que ça fait peur de voir le pauvre *Castorama* bousculé par les vagues comme ça, sous des rafales non plus de 40 nœuds, mais de 50 à 55 nœuds dans les grains. Et après le coucher du soleil, il n'y aura bientôt plus moyen de voir comment nous prenons les vagues. J'aurai l'estomac noué en permanence, à force de me demander comment nous allons atterrir sur le dos de la vague qui nous précède.

Et pourtant, cet endroit vous hypnotise et vous confère un sentiment de plénitude. Comme si nous ne nous trouvions plus très loin de l'extrémité de la Terre. Nous sommes totalement isolés, mais en même temps totalement libres. Je suis heureuse d'être arrivée jusqu'ici pour voir cette tempête.

Elle me rappelle à quel point nous ne sommes rien sur cette planète, mais que nous devons quand même la protéger. »

VINGT-QUATRIÈME JOUR
21/12/04
**20 heures 34 minutes d'avance
53 milles à l'ouest des îles Crozet**

Nous avons rencontré une mer énorme, aujourd'hui. Elle nous a contraints à descendre très sud, parce que le relief sous-marin levait une houle très dure et qu'empanner dans ces conditions aurait été beaucoup trop dangereux. Les vents nous ont aussi repoussés dans le sud : ils ont soufflé à 40 nœuds des heures durant, avec des pointes à 50-55 nœuds. Plutôt stressant ! Mais je dois avouer que le bateau a été stupéfiant. Surfer avec autant d'aisance, à 25-28 nœuds sous ces vents et dans ces vagues, j'étais aux anges. C'était fantastique. Maintenant, les conditions ont changé du tout au tout, la mer s'est bien calmée et la faune prolifère. Nous sommes juste au nord des îles Crozet. Je n'ai pas pu les voir alors que nous n'en sommes passés qu'à 44 milles. Mais tous ces oiseaux montrent bien que vous êtes près de la terre, de même que les algues, dans l'eau, et toute cette vie qui grouille. C'est donc une bonne matinée.

Même dans cette tempête, les dernières trente-six heures ont été bonnes pour le moral.

Naviguer dans une mer aussi monstrueuse, admirer la puissance de la nature, traverser un océan qui n'est pas horizontal mais ressemble plutôt à une chaîne de montagnes : inoubliable ! L'horizon a disparu, les vagues sont trop escarpées et trop profondes. C'est une expérience incroyable et pour rien au monde je n'aurais voulu céder ma place, même si la violence du vent était parfois assez effrayante. C'était tout simplement impensable. Une autre tempête approche. Elle sera sur nous le jour de Noël. Les modèles météo l'annoncent un peu moins forte que celle d'hier et prédisent un peu moins de vent. Ce qui nous promet quand même 50 nœuds et je ne vois pas comment éviter ça.

Quand les vents atteignent 40 nœuds, puis 50 et parfois 60, vous devez vous battre pour ralentir le bateau et parvenir à le freiner dans une mer transformée en chaudron. Votre mât-aile présente encore au vent une surface de 45 m² et il agit comme une voile impossible à réduire. Vous devez donc anticiper ce genre de situation, et agir avec bon sens. S'il faut remonter au nord pour éviter cette dépression, ce qui paraît vraisemblable, il faudra le faire dans les deux jours qui viennent. Mais je surveille son évolution avec soin. La suite s'annonce dure et quoi qu'il arrive, je ne crois pas que Noël sera particulièrement paisible !

J'ai dû bricoler, ce matin. Hier soir, j'ai découvert un problème dans le système de barre. Oh, rien d'irrémédiable ! Le palier inférieur de la mèche de gouvernail principal bougeait un peu car plusieurs vis s'étaient dévissées. Aussi, ce matin, ai-je fabriqué des cales en carbone et les ai-je enfoncées tout autour et maintenant, ça semble aller. Deuxième problème, le jeu dans le safran principal : j'ai resserré les fusibles du système de relevage et j'ai rajouté d'autres cales à l'arrière. J'ai consacré toute la matinée à ces travaux, juste pour m'assurer que le bateau sera nickel pour affronter ce qui nous attend.

J'ai découvert un nouveau problème : j'ai épuisé ma réserve de barres de muesli. Or malheureusement, mon régime calorique me poussait à en consommer une grande quantité !

VINGT-CINQUIÈME JOUR
22/12/04
20 heures 14 minutes d'avance
445 milles à l'ouest-nord-ouest des Kerguelen

La température de l'eau est tombée à 5 °C hier, ce qui vous met instantanément sur vos gardes et vous pousse à vous demander ce qu'il y a devant. Le risque d'icebergs augmente sérieusement. On en a détecté non loin des îles qui sont au large de la Nouvelle-Zélande, soit bien plus au nord que la normale, c'est pourquoi je pense que nous finirons par passer dans leur sud. Mais ça va devenir stressant par là-bas ; il faudra rester drôlement vigilant.

Aujourd'hui, la mer est remontée à 10 °C et il y a un peu de soleil. C'est super, ça permet de se réchauffer un peu. Ce matin, nous avions 30 nœuds de vent, mais en ce moment, nous n'avons plus que 22-23 nœuds et il est temps de larguer un ris. Tout va bien, le bateau est en bon état. Nous allons doubler les Kerguelen, ce qui n'est jamais banal. Hier, j'étais un peu énervée de n'avoir pu voir les Crozet et apparemment, je ne risque pas non plus de voir les Kerguelen. Mais ces îles, vous devinez leur présence, à cause des oiseaux et de toute la faune qui vit autour. C'est super de naviguer dans ces coins et de sentir la proximité de la terre. Mais je ne peux m'empêcher de ressentir une pointe de tristesse, aussi, quand je pense au Trophée Jules Verne : il y a tout juste deux ans, nous perdions le mât par ici. J'y pense tout le temps et ça ne me rassure pas, c'est évident.

Je sais aussi que nous n'avons pas la moindre chance d'échapper à la tempête de Noël. Une route plein nord ne nous permettrait même pas de l'éviter. Elle va nous tomber dessus, pas d'autre issue possible. Tout ce qui nous reste à faire, c'est de gagner l'est le plus vite possible pour tenter de rester en avant de cette dépression. Quel que soit ce qui va nous tomber dessus, ça promet d'être horrible. Le vent va souffler très fort et pendant un moment, nous serons en survie. Je vais donc faire de mon mieux pour tenir la vitesse la plus élevée possible et tenter de nous maintenir en avant du front durant les jours à venir. J'ai découvert un nouveau problème : j'ai épuisé ma réserve de barres de muesli. Or malheureusement, mon régime calorique me poussait à en consommer une grande quantité ! Pis, je n'ai plus de porridge non plus. Et pour couronner le tout, mon apport en calories repose aussi beaucoup sur la consommation d'huile d'olive… que j'économise parce que je la réserve au générateur. Au total, mon équilibre alimentaire n'est plus adapté à l'effort exigé !

VINGT-SIXIÈME JOUR 23/12/04
15 heures 57 minutes d'avance
270 milles au nord des îles Kerguelen

Je suis un peu secouée depuis la collision de la nuit dernière. J'étais au téléphone, je parlais du dessalinisateur avec Loïk, le responsable technique du bateau, quand j'ai été précipitée contre la table à cartes. Je me suis ruée dehors, j'ai vérifié tous les safrans, puis je suis rentrée pour contrôler la dérive : apparemment, il n'y avait pas de bobo. Mais nous avons encaissé un coup de frein plutôt brutal. Nous marchions à 26 nœuds et d'un seul coup, nous sommes tombés à 20 nœuds, ce qui est plutôt violent. Mais je suis soulagée, en principe il n'y a aucun dégât. Espérons seulement que je ne vais pas en découvrir plus tard. Ça m'a fait un drôle de choc de réaliser que nous avions heurté quelque chose. Et pourtant, le bateau paraît intact. Je pense que j'ai eu beaucoup de chance.

Aujourd'hui, j'ai vidé toute l'eau accumulée dans l'un des flotteurs et j'ai tout contrôlé avant l'arrivée de la tempête. Je me suis assurée que tous les capots étaient hermétiquement fermés et j'ai passé le bateau au crible. J'ai besoin d'être certaine que tout est paré, parce que durant les trois à quatre jours qui viennent, nous allons prendre un sacré coup de pied aux fesses. Cela revient à segmenter cette préparation en une série de tâches gérables. Mentalement, il est important de sentir qu'on est prêt. Important de pouvoir gérer le stress en étant sûr que tout est paré pour un changement de voiles, que tous les cordages sont clairs et qu'ils fileront sans se bloquer.

Pour le moment, Noël n'est qu'un grand point d'interrogation. Ou bien, il marquera le jour où nous aurons réussi à rester devant le front en gagnant à toute vitesse dans l'est, ou bien celui où ce front nous aura rattrapés, nous infligeant 50 nœuds de vent puis rien d'autre en arrière qu'une mer énorme. Affronter le genre de mer que lève une tempête de force 10 sur un trimaran de 75 pieds est un test en soi. Même si *Castorama* est un grand bateau, il paraît absolument minuscule au milieu de ces vagues – elles déferlent sous les coques, elles se brisent dessus, nous surfons sur leur dos, mais nous ne sommes tout simplement rien du tout à côté d'elles. Quand vous dévalez une lame haute comme un immeuble à des vitesses de 28, 29 ou 30 nœuds, vous avez le cœur qui fait des bonds et à chaque fois, vous vous demandez ce qui vous attend en bas de la pente : les étraves vont-elles réussir à émerger ? Ou bien allez-vous faire le sous-marin dans le dos de la vague qui vous précède ?

Je n'ai même pas le temps de penser que Noël arrive et que ma famille va me manquer. Le mieux, peut-être, est de se concentrer sur le bateau et sur la tactique à suivre. Pour moi qui suis si loin, des jours comme Noël ne sont pas si importants. Ce sont les dates que je me suis choisies qui me motivent, celles où nous doublerons le cap Leeuwin ou le Horn. Elles me motivent plus que Noël. Mais je vais quand même penser à ma famille qui s'apprête une fois de plus à fêter la Nativité sans moi.

Le chronomètre et son inexorable compte à rebours commandent chaque instant de ma vie. Le plus beau cadeau de Noël serait de parvenir à franchir la ligne avant qu'il n'indique zéro

VINGT-SEPTIÈME JOUR 24/12/04
3 heures 37 minutes d'avance
1 360 milles au nord-est des îles Kerguelen

En ce moment, les conditions sont relativement stables et le vent plus léger qu'auparavant. Il fait beau, il y a du soleil, mais c'est le calme avant cette tempête qui va nous tomber dessus le jour de Noël. Dans les heures qui viennent, le vent doit forcir, et au cours de la nuit et de la journée de demain, un front très violent passera sur nous. À bord, l'ambiance promet d'être plutôt effrayante et demain sera du genre exercice de survie. Le principal, c'est de tâcher de sortir de là entiers, le bateau et moi. Mais c'est plutôt troublant de voir arriver une tempête comme ça, avec un front aussi actif. J'essaye de dormir et dès que j'ai un moment, que je me trouve à l'intérieur ou dehors, j'en profite pour m'étendre et tenter de fermer les yeux. Mais j'ai déjà fait plusieurs changements de voile, aujourd'hui, ce qui est toujours usant, surtout quand la brise est aussi irrégulière qu'en ce moment. Ça pourrait s'arranger, mais j'en doute fort. Je crois qu'il est inutile de penser se reposer avant au moins trois jours.

Nous sommes seulement au premier tiers du tour du monde, et je n'ai d'autre choix que de faire de mon mieux. Je reste concentrée sur les deux jours qui viennent et la façon dont nous allons nous en sortir. Bien sûr, il faut rester confiant dans la réussite du tour du monde, mais il reste tellement de chemin d'ici à l'arrivée ! Il serait donc prématuré d'affirmer que ça va marcher.

J'essaye de prendre un peu de repos et de préparer le bateau au mieux : j'ai encore tout passé en revue, je me suis assurée que rien ne clochait, que rien ne va nous lâcher quand le vent deviendra carrément violent. J'ai simplement tenté de me blinder mentalement pour affronter les deux journées très difficiles qui nous attendent.

Nous sommes au cœur de la tempête et seules les vagues qui déferlent autour de nous apportent une touche blanche à ce Noël. C'est l'horreur, ce temps. Les lames sont énormes et le bateau est littéralement tabassé. Nous subissons un front particulièrement agressif, et comme il va ralentir devant nous, nous allons rentrer à nouveau dans cette tempête, même si elle nous dépasse, aujourd'hui. Je n'ai pratiquement pas dormi : il y a une fuite juste au-dessus de ma couchette, qui est évidemment trempée, et je n'ai pas quitté mon ciré depuis douze heures. J'espère juste que ce front finira par passer sans nous faire trop de mal au bateau et à moi.

Cette journée ne ressemble à rien de spécial et je ne me sens pas tellement dans l'ambiance de Noël. Je me suis quand même demandée comment fêter ça et je me suis accordée une double

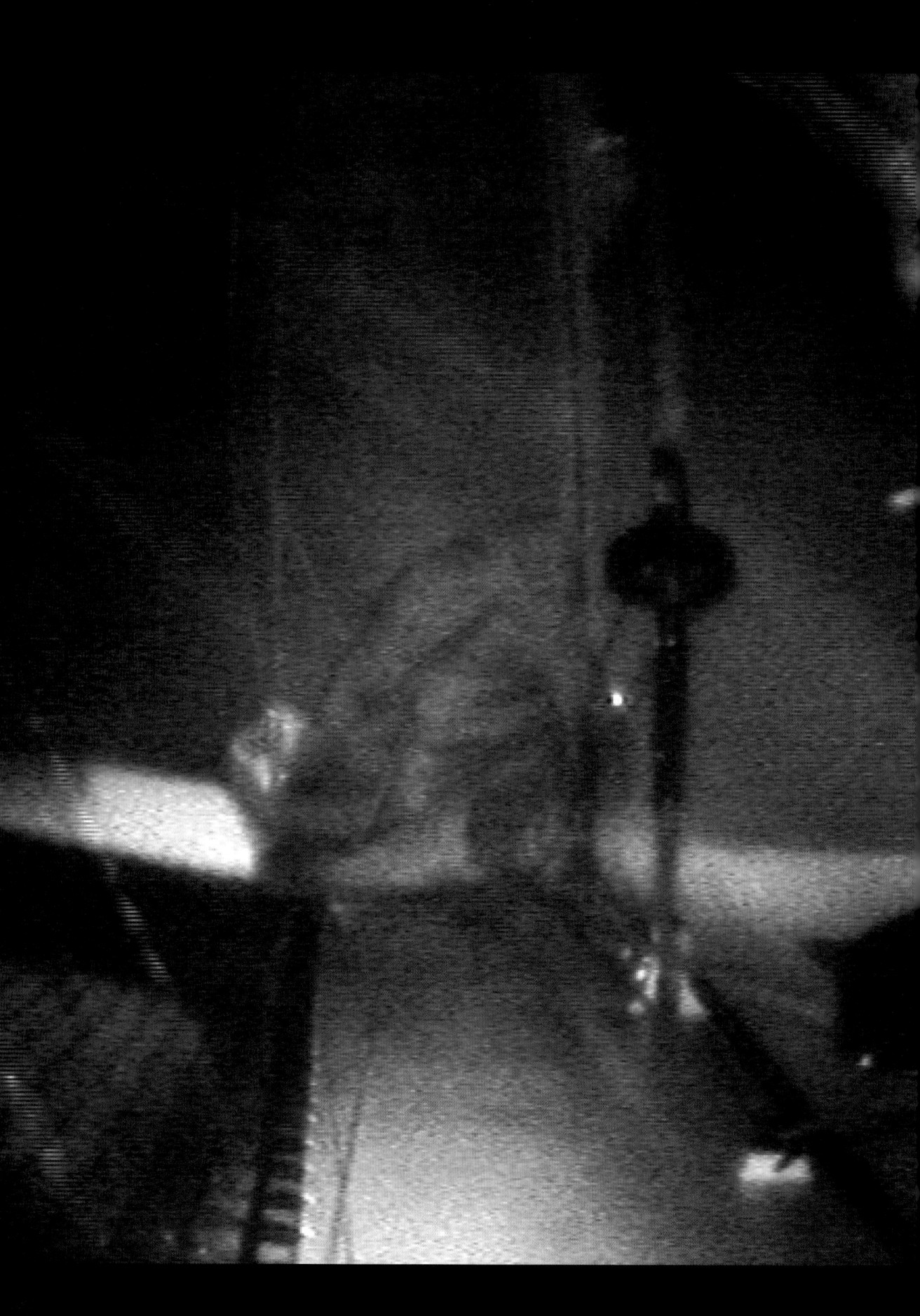

dose de boisson énergétique. Ce qui dit assez l'humeur festive du bord. Je ne suis même pas allée chercher mon sac de cadeaux à l'arrière : on est trop secoué. J'essaye simplement de prendre soin du bateau et de moi-même et de me débrouiller pour que tout marche jusqu'à ce que la situation s'améliore. Je m'accroche, je suis très fatiguée et je suis frigorifiée, parce que je passe un temps fou à l'extérieur pour régler les voiles. C'est un Noël exténuant, jusqu'ici, et je suis impatiente de voir le bout du tunnel.

Nous avons fait de drôles de cabrioles. Un peu plus tôt dans la matinée, une vague énorme nous a pris et nous a littéralement balayés. Le bateau a basculé sur tribord, il s'est retrouvé plein vent arrière avant de lofer de nouveau de 40 à 50 degrés. Tout est devenu silencieux tandis que la vague s'écroulait sur l'arrière, avant de nous faire

pivoter si violemment que nous nous sommes retrouvés à nouveau sur sa crête. Avant que n'ayons eu le temps de réaccélérer, une nouvelle vague a déferlé sur l'avant du bateau, et comme nous tenions les 20 à 21 nœuds à ce moment, je vous laisse imaginer à quoi ressemblait la cabine. Dans ces conditions, mieux vaut tout contrôler. Charger les batteries est un cauchemar, impossible d'empêcher le gazole de s'échapper du réservoir. Durant la dernière charge, j'ai dû redémarrer le générateur à treize reprises : littéralement exténuant. Ainsi, tout est horriblement difficile par ici, quand il fait aussi mauvais.

Nous n'avons qu'à nous accrocher. On est en plein dedans, on se fait cabosser, mais il n'y a d'autre issue que de tâcher de s'en sortir au mieux. Le bateau est stupéfiant. Il a encaissé tellement de chocs ! Et malgré tout, nous nous sommes débrouillés pour augmenter notre avance sur le record. Pas si mal comme cadeau de Noël !

VINGT-NEUVIÈME JOUR
26/12/04
**13 heures 47 minutes d'avance
1 360 milles à l'est des îles Kerguelen**

« Bon, j'ai un peu de mal à trouver mes mots, ce matin, même s'il est en fait 3 heures de l'après-midi, heure locale – ce qui résume ma journée. Je ne sais pas combien de temps j'ai réussi à dormir, mais je sais que ce n'est pas du tout assez, loin de là… Le sommeil est un luxe rarissime par ici, tout comme le temps de manger, d'ailleurs. Combien de fois me suis-je dit : "Je mange, ou je vais dormir ?" Choix basique, mais vital. Hier, j'ai passé une journée en enfer, les conditions étaient horribles et dans les moments critiques, j'avais l'impression que mon cœur s'arrêtait de battre. Ou bien que mon ventre se tordait, ce qui revient au même.

Une vague monstrueuse nous est tombée dessus hier et à côté d'elle, le pauvre *Mobi* n'était pas plus gros qu'un canard dans une piscine. Ce fut sans doute le moment le plus terrifiant du voyage, l'instant où vous ignorez comment tout ça va se terminer… Ces secondes insupportables où vous vous demandez ce qui va se passer. Normalement, quand une vague se casse sur vous, elle cogne et le mal est fait. Mais quand elle vous inflige une sortie de route, vous avez tout le temps d'avoir peur. C'est comme d'attendre qu'on presse la détente, et que ça ne vienne pas, allez savoir. Nous avons été tabassés à deux reprises, hier : la première fois, nous sommes partis en vrac et la deuxième, quand la vague s'est écrasée sur le bateau, c'est comme si un éléphant avait atterri sur le pont. Je remercie ma bonne étoile, j'étais à l'intérieur, à ce moment là. Il n'y a pas eu trop de dégâts, mais le simple fait de voir les Sandow exploser et les sacs à bouts s'arracher vous empêche de fanfaronner… et vous renvoie à votre insignifiance dans ces mers et à l'obligation de gagner votre droit de passage… Ce n'est pas un endroit pour les vantards et les inconscients. C'est la réalité, la dure réalité en noir et blanc et quand vous fermez les yeux, cette réalité ne s'évanouit pas. Quand vous y pensez, les chances de vous en sortir ou d'y rester vous apparaissent simplement plus clairement, et il n'y a d'autre issue que de les évaluer froidement. Ici, il n'y a pas de joker… Hier, après le passage de la tempête, j'ai réussi à m'allonger trente minutes dans ma couchette. Le vent commençait à faiblir,

Ce n'est pas un endroit pour les vantards et les inconscients. C'est la réalité, la dure réalité en noir et blanc et quand vous fermez les yeux, cette réalité ne s'évanouit pas. Vous n'avez pas de joker

mais on est vite revenu à " tout le monde sur le pont ". J'ai entr'aperçu la pleine lune et le vent qui dépassait les 45 nœuds a diminué. Il fallait changer de voiles, mais j'avais à peine l'énergie disponible pour me nourrir… En huit heures, je suis passée par douze combinaisons de voilure différentes, de grand-voile à trois ris-trinquette, à grand-voile haute-génois… Et ce matin, le vent est tombé à 10 nœuds. Je n'ai pas arrêté de courir du pont au cockpit et réciproquement, tandis que le bateau roulait et tanguait comme un fou, tant étaient brutaux les mouvements provoqués par la mer déchaînée. Chaque fois, j'essayais de ne pas passer à l'eau ni d'être emportée par une des déferlantes qui balayaient le trampoline… Quand j'ai enfin largué le dernier ris, j'étais au bord de la rupture. J'étais une loque transie, épuisée et vidée de toute sensation. Vous restez assise, sur le qui-vive pendant des heures et des heures, chaque nerf tendu à se rompre, et vous attendez juste que la prochaine manœuvre vous exténue un peu plus. La simple anticipation de la raclée à venir vous fait trembler les genoux… J'avais la bouche sèche, j'étais à plat… la peur

et la mauvaise appréhension ont un drôle d'effet… En ce moment, je suis assise à la table à cartes, et je ne sais pourquoi, j'ai envie de mettre tout ça dans cet email. Peut-être que dans un coin de ma tête, je sais que ça ira mieux demain – que ces idées noires se seront évaporées à la prochaine pleine lune, au prochain coucher de soleil…
Au passage, ça fait un bail qu'on n'a pas vu le soleil… c'était une journée de plus sous les lourds nuages chargés de pluie et sur cette mer grise et si puissante. Le générateur tourne, du coup mes pieds finissent par se réchauffer. Et la bouilloire est pleine, prête pour le déjeuner…
Mais avant ça, il va falloir prendre le troisième ris. Nous surfons à 26 nœuds. Le vent vient de remonter à 35 nœuds. Nous sommes à nouveau dans le front qui nous avait dépassés… pas le moindre repos en vue, dans le coin… pas le moindre… Je pense que je fêterai Noël au Jour de l'An… on peut toujours rêver. Triste Noël, cette année : c'était juste un mauvais jour, un mauvais jour de bureau. Au moins, *Mobi* et moi sommes entiers… »

E xx

TRENTIÈME JOUR 27/12/04
1 jour 6 heures 71 minutes d'avance
Record en solitaire au cap Leeuwin

Vers 22 h15 GMT hier soir, alors qu'il commençait tout juste à faire jour par ici, j'ai débouché la bouteille de champagne du cap Leeuwin. Ce cap marque la pointe occidentale de l'Australie. Mais il reste un sacré bout de chemin avant la prochaine marque.

Je suis complètement crevée, mais je suppose que c'est la règle dans toute vraie tempête. Il faut faire avec. Impossible d'y échapper. J'ai passé un Noël affreux, vraiment moche : j'ai pu joindre mon père en tout début de journée, vers 7 heures à peu près, parce que je savais que les conditions allaient empirer et je voulais appeler chez moi. Ensuite, je n'ai pas pu rappeler avant 11 heures du soir. J'ai eu Maman, je lui ai demandé de souhaiter de ma part un joyeux Noël à tout le monde. Il m'était impossible de parler à chacun en particulier.

Je suis complètement crevée, mais je suppose que c'est la règle dans toute vraie tempête. Il faut faire avec. Impossible d'y échapper

Je suis évidemment soulagée d'être sortie de cette tempête avec un bateau intact, mais tout ce que mon organisme réclame, c'est de débrancher et de dormir.

Mais ça n'a pas été possible : le vent est tombé de 40 à 10 nœuds avant de remonter à 35 nœuds, le tout en moins de dix-huit heures. Dans l'intervalle, j'ai été contrainte d'effectuer plein de changements de voiles, repassant tout dessus, avant de réduire une fois de plus au maximum. Ces manœuvres m'ont complètement vidée, physiquement comme mentalement. Encaisser tout ça et se retrouver à nouveau en plein coup de vent est absolument exténuant. Et quand vous voyez enfin le bout de l'épreuve, vous vous répétez : « Est-ce que je vais dormir, ou est-ce que je vais manger ? » Les deux sont indispensables, vous le savez, parce que si vous vous privez de sommeil, ou bien de nourriture, vous savez très bien que vous vous mettez en danger. C'est toujours le même dilemme : manger ou dormir ? Est-ce que j'essaye de fermer les yeux, ou est-ce que je remets du charbon dans la machine ? La question devient lancinante.

D'autant plus que le sommeil est un énorme problème. Les gens de Commanders (mes ingénieurs météo) en sont bien conscients et j'avais insisté là-dessus avant de partir : il faut anticiper les questions d'angle de vent et de changements de voiles, parce que ces manœuvres demandent de l'énergie et qu'il n'y a que moi pour les exécuter. Mes routeurs le savent bien, ce qui ne les empêche pas de me dire : « OK, on doit pouvoir compter sur toi dans trente-six heures et tu vas devoir te défoncer, tu ferais mieux de t'y préparer. » C'est tout à fait leur genre.

Nous réussissons à nous maintenir dans ce front et c'est une bonne chose : ça signifie que nous gagnons dans l'est aussi vite que lui. Apparemment, nous allons le conserver pendant plusieurs jours, et donc profiter de vents assez forts et assez stables en direction. Le seul problème, c'est qu'ils soufflent plutôt du nord que du nord-ouest, et nous souffrons un peu avec la mer de travers. Mais cette brise régulière devrait nous permettre de bien progresser dans l'est et de suivre exactement la route souhaitée. Donc, en termes de vitesse et de gains sur le record, c'est parfait. Sauf que la situation météo commence à se compliquer. Et comme on l'a vu si souvent au cours de cette tentative, vous pouvez engranger vingt-quatre heures d'avance et n'en avoir plus que trois en quelques jours seulement : rien ne se perd aussi facilement. À l'instant même, le vent faiblit sensiblement.

Il est retombé à 22-23 nœuds au cours de ces dernières heures, même s'il y a quelques rafales à 24 nœuds. J'ai pu rester sous deux ris-trinquette et ne manœuvrer qu'une seule fois. Nous marchons vite, le bateau cavale tranquillement et la mer est un peu plus calme qu'avant. Et pourtant, même si tout va bien pour le moment, je sais que ça peut changer très vite.

Pour moi, c'est formidable de foncer à cette vitesse, d'avancer littéralement plus vite que le vent et de parvenir à accompagner ce front. En fait, il a juste un peu ralenti, mais ce coup de frein nous a permis de le rattraper. Pour y parvenir, il fallait tenir les 22 nœuds de moyenne dans la tempête. Et je crois que ce genre de coup n'est faisable qu'avec un multicoque comme *Castorama*, parce qu'il peut vous donner la pointe de vitesse nécessaire au moment où vous en avez besoin. Reste qu'il est essentiel de garder constamment en tête l'impératif de ne surtout pas l'endommager : la houle est forte en permanence par ici, et tirer sur le bateau dans cette mer est un moyen sûr de le casser. Tel est le défi : parvenir à prendre ce genre de décisions, à trouver cette voie étroite qui vous permet d'accélérer en cas de besoin. Mais c'était génial de traverser ce front sans aucune visibilité, sous ces énormes nuages pleins de pluie, pour retrouver quelques heures plus tard une lune froide dans un ciel clair, avant de replonger dans la brouillasse. Et tout ça en douze heures : fabuleux !

Nous allons nous prendre 50 nœuds sur la tête cette nuit et demain, et ça ne va pas être très marrant

TRENTE ET UNIÈME JOUR
28/12/04
1 jour 14 heures et 15 minutes d'avance
1 185 milles à l'ouest de la Tasmanie

Je suis vraiment ravie d'avoir doublé un deuxième cap, j'ai coché une nouvelle case : c'est un bon indicateur de notre progression. Et un révélateur de notre avance, mais tant qu'on n'a pas coché la dernière case, rien n'est fait. Voilà ce qui me trotte dans la tête : c'est super d'avoir passé ce cap, super cette avance sur Francis, mais au bout du compte, il reste encore un tas de caps à franchir et beaucoup de chemin à parcourir jusqu'à l'arrivée. Ce matin, la brise est montée à 36 nœuds. Les gens de Commanders m'assuraient qu'elle allait encore fraîchir, mais elle est retombée à 25 nœuds. Finalement, je me suis décidée à larguer un ris, parce que nous allions 2 nœuds de moins que ce que nous aurions dû faire. Donc, cela fait trois heures que j'ai largué le troisième ris, et nous n'avons toujours que 25 nœuds de vent. Je devrais parfois suivre mon intuition. C'est ça, l'expérience. Seulement, souvent, ce sont les routeurs qui ont raison, aussi n'est-ce pas évident. Moi, je sentais que le vent n'allait pas fraîchir : le ciel était dégagé, les nuages avaient disparu, l'eau s'était un peu réchauffée. Tout indiquait que la brise allait mollir, même si les modèles météo promettaient 35 nœuds. Le ciel est resté bleu pendant plusieurs heures et le premier signe annonciateur d'un renforcement du vent arrive seulement : il fait gris, à nouveau. Après tout, il n'y a qu'à bord qu'on peut savoir s'il y a des nuages. Et quand on est crevé, on a tendance à l'oublier.

Pour le moment, tout va bien, nous sommes au vent de travers. Mais nous allons nous prendre 50 nœuds sur la tête cette nuit et demain, et ça ne va pas être très marrant. Le scénario de Noël va en gros se répéter et je ne suis pas pressée de le retrouver. Le vent monte déjà, il y a des rafales à 35 nœuds et la nuit et la journée de demain ne s'annoncent pas commodes. Après cet épisode, nous atteindrons la Nouvelle-Zélande où stagne une vaste zone de vents légers – et nous risquons d'y perdre de l'avance. Francis n'avait pas eu les

meilleures conditions pour doubler la Nouvelle-Zélande et, apparemment, ça ne s'annonce pas mieux pour nous. Les routeurs sont peu désireux de nous envoyer franchir la limite des icebergs et je crois que ce n'est effectivement pas la chose à faire. Mais les fichiers montrent clairement cette zone de calmes entre la Nouvelle-Zélande et les îles plus au sud, où les vents sont vraiment très faibles, inférieurs à 5 nœuds. Nous pourrions donc descendre dans le sud maintenant, puis empanner pour refaire du nord, ce qui nous placerait à l'est de l'île Campbell, mais à l'ouest des icebergs, si bien que nous serions coincés entre les deux. Il y a forcément une autre option, mais les conditions peuvent encore changer. Le sommeil demeure mon premier souci, tout comme la nécessité de m'assurer que tout fonctionne à bord. Il est très difficile de simplement faire tourner le générateur dans le mauvais temps. J'ai dû le redémarrer à huit reprises, au cours de la dernière charge.

La mer chahute tellement *Castorama* que le gazole désamorce. À chaque fois, il faut redémarrer à la main. Bref, pas facile de se reposer quand le générateur est en marche, et il tourne pratiquement trois heures toutes les six heures. Ce qui devrait me laisser en gros sept heures de repos par jour, mais s'avère impossible si je dois relancer le générateur chaque fois qu'il s'arrête. C'est un truc à vous rendre fou. Aussi, quand il fonctionne, j'essaie d'effectuer le maximum de travaux, je fourgonne partout. Je suis complètement réveillée et, c'est frustrant.

TRENTE-DEUXIÈME JOUR
29/12/04
1 jour 19 heures d'avance
830 milles à l'ouest de la Tasmanie

« Je suis à la table à cartes, et je suis à nouveau trempée... Je me suis déjà changée deux fois dans les dix dernières heures – Zut, Arry le générateur de secours fait encore des siennes (tandis que j'écris ça, il s'est arrêté pour la troisième fois en vingt minutes, je reviens tout de suite)... J'ai encore dû produire un gros effort... Hier, les vents étaient bien plus légers que prévu – ce qui signifie des tas de manœuvres et le stress après chaque largage de ris de se demander s'il ne faudra pas le reprendre une heure après. Hier soir, tout indiquait qu'une tempête commençait à bouillonner dans l'ouest et se préparait à nous tomber dessus avec la brutalité habituelle. Au fil des heures, elle est devenue plus féroce encore que celle de Noël... Nous sommes en plein dedans : rafales à plus de 45 nœuds, mer épouvantable, déferlantes partout, au point que le tourmentin de 15 m² paraît gigantesque... Donc, après-midi, nuit et matinée non-stop, même si la pendule indique qu'ici c'est l'heure du déjeuner ! Aussitôt la nuit tombée, j'ai envoyé le tourmentin et j'ai passé une demi-heure à régler le troisième ris. Après ça, j'ai réabattu, pour ne pas risquer de prendre les vagues de plein fouet, même si les chances de s'en prendre une bonne demeurent...
Une vague m'est tombée dessus pendant que je rangeais le génois dans sa housse et elle a arraché le filet de protection. Du coup, je reçois beaucoup plus d'embruns glacés dans la figure... Le tourmentin est monté sans trop de difficultés. Ensuite, je suis retournée à l'intérieur pour me taper les trois heures de charge nécessaire pour remonter les batteries... Le générateur me lâche une fois de plus – deux secondes,

Le bateau descend les vagues comme une fusée. Toutes les soixante secondes environ, quand une lame nous frappe par le travers, on dirait un coup de canon

OK, c'est reparti… Comme j'ai l'estomac au bord des lèvres chaque fois que nous dégringolons d'une vague, je vois bien ce qui se passe pour le gazole et l'huile du générateur… un séjour de plus dans le tambour de la machine à laver… J'ai réussi à remonter les batteries à 70 % de leur capacité, pas trop mal compte tenu des circonstances, à mon avis, et je suis sortie une nouvelle fois pour contrôler que tout allait bien sur le pont. Malheureusement, un des plis de la grand-voile s'était à nouveau rempli d'eau de mer, ce qui m'a contrainte à abattre encore une fois pour le vider avec la pompe de cale manuelle. J'ai fait une vingtaine de tentatives, et ça a fini par marcher. Ensuite, j'ai pu rabanter correctement la grand-voile sur la bôme. Nous sommes débarrassés de cette poche de 100 kilos d'eau de mer qui menaçait de la déchirer. À mon retour dans la cabine, je me suis débrouillée pour m'étendre une petite heure par terre, après m'être changée, une fois de plus. J'ai fini par m'endormir et à mon réveil, j'avais faim, mais j'ai préféré oublier et j'ai reposé ma tête sur le thermique humide pour prendre plus de repos. Quand j'ai émergé, j'avais deux heures de boulot devant moi. J'ai écopé l'eau qui stagnait sous les vérins des pilotes, sans trouver d'où elle venait. Finalement, j'ai découvert qu'elle avait envahi l'ancien compartiment moteur et qu'une demi-tonne était entrée par l'ancien échappement. Or je dois le laisser ouvert, parce qu'il permet à l'air de refroidissement du générateur d'entrer. Donc, j'ai pompé le tout et ça m'a pris une demi-heure. (Le générateur vient encore de s'éteindre à cause d'une vague qui s'est écrasée sur le roof.) Maintenant, j'ai englouti autant de céréales que possible, vidé mes bouteilles de boisson énergétiques… et je m'apprête à m'occuper du générateur au cours des trois prochaines heures : l'ingénieur est revenu à son poste ! Je suis vraiment crevée, mais l'assèchement du bateau et la liste des choses à faire m'ont un peu regonflée… À plus tard. »

e x

Cette fatigue ne provient pas seulement de la tempête. Elle vient du simple fait de mener le bateau. En ce moment, nous avançons à 20 nœuds. Le bateau dévale les vagues comme une fusée. Toutes les soixante secondes, environ, quand une lame nous frappe par le travers, on dirait un coup de canon. Il y a un grand boum, et chaque fois, vous regardez où s'est produit l'impact, et à quel point il a été violent. Les vagues s'écrasent régulièrement sur les hublots, et quand elles se brisent sur le bordé, elles remplissent le cockpit. Les mouvements du bateau sont si violents qu'ils vous empêchent pratiquement de marcher et vous contraignent à vous cramponner en permanence. Il vous faut constamment vous appuyer sur quelque chose et il est impossible de changer de chaussettes ni de vous tenir debout dans le bateau sans être projetée à travers la cabine. Et ça dure comme ça depuis notre entrée dans les Quarantièmes, et même depuis la majeure partie de notre descente de l'Atlantique. Il y a donc des tas de facteurs qui rendent la vie à bord incroyablement stressante et dure, nul besoin d'y ajouter les problèmes générés par une tempête, les fuites et autres ennuis de ce genre.

Notre avance augmente sans cesse et je suis ravie de nos quasi-deux journées de marge sur le record. Qui ne le serait ? Mais je reste dans le même état d'esprit qu'au départ, et il ne me quittera pas jusqu'à la veille de l'arrivée : si nous allons au bout, rien ne sera fait tant que la ligne ne sera pas franchie.

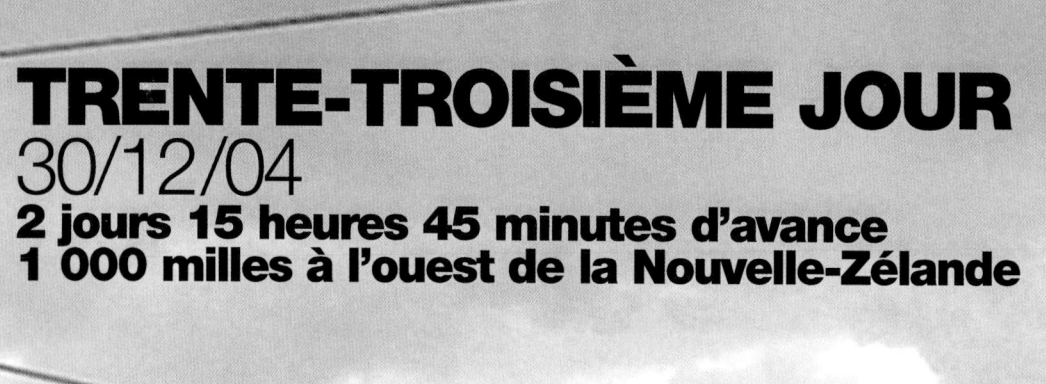

TRENTE-TROISIÈME JOUR
30/12/04
**2 jours 15 heures 45 minutes d'avance
1 000 milles à l'ouest de la Nouvelle-Zélande**

Ça va beaucoup mieux. Le vent se maintient entre 20 et 25 nœuds et ça marche bien, nous tenons les 20 nœuds de moyenne, cap à 110 degrés. Ça fume ! J'ai amené la trinquette et envoyé le solent pour pouvoir descendre un peu plus dans le vent et gagner dans le sud. Nous marchons à 130 degrés du vent, un angle impeccable, et même s'il y a de la brume et s'il fait froid, même si l'eau n'est qu'à 6 °C, ça va. Nous ne sommes pas dans un coin à icebergs, mais je garde quand même le radar allumé. J'ai eu le temps de ranger, de réparer quelques bricoles et de dormir un peu, donc ça ne se présente pas si mal. Il reste bien sûr des obstacles devant, comme cette zone de vents faibles générée par une dorsale qui descend du nord-ouest. Il faut que nous parvenions à en couper le coin pour retrouver les vents de sud-ouest. Mais il y a aussi les icebergs dans l'est de l'île Campbell, juste au sud de la Nouvelle-Zélande.

C'est incroyable ce que je vois à travers le hublot, en ce moment. C'est un peu comme si nous naviguions sous une couverture

Une fois dans la dorsale, je vais pouvoir m'en extraire avec un angle de vent favorable, dont je vais me servir pour faire du nord et échapper aux glaces. Croisons les doigts. De là, nous ferons cap directement sur le Horn.

Je vais tenter de dormir le plus possible au cours des prochaines vingt-quatre heures. J'ai déjà fait une tranche de réparations, aujourd'hui. La drisse de trinquette était abîmée, et j'ai eu de la chance que la voile ne tombe pas sur le pont. Il ne restait qu'un ou deux brins de Kevlar™, même pas un dixième de son diamètre. J'ai ré-épissé tout ça. C'est bon d'avoir le temps de passer le bateau en revue et de tout vérifier. Je me suis constitué une liste des choses à faire dès que le temps s'améliorera. Je pourrai en réaliser certaines dès demain et les autres quand le vent va faiblir du côté de la Nouvelle-Zélande. J'ai plein de contrôles à effectuer ; c'est sans fin. Mais j'essaie quand même de profiter de ce moment pour me relaxer et mettre mon cerveau sur « off ».

J'étais vraiment à fond jusque-là, et c'était tellement dur de tenter de manger, de dormir, sans même parler de travailler à l'extérieur, que de pouvoir me relâcher un peu me fera un bien fou. Je suis à mon affaire, là. Même quand c'était l'enfer, je n'ai pas cessé de tout vérifier ni de résoudre les problèmes qui se posaient, sans jamais rien remettre à plus tard. Je pense que j'ai bien progressé dans ce domaine. C'est incroyable ce que je vois à travers le hublot, en ce moment. C'est un peu comme si nous naviguions sous une couverture. La mer est très froide et l'air plus chaud, ce qui provoque un épais brouillard. On n'y voit rien du tout et le ciel se referme à quelques centaines de mètres d'ici, peut-être moins de 100 mètres. Je ne vois que quelques crêtes, pas plus de trois en même temps. Foncer là-dedans à 20 nœuds de moyenne, avec aussi peu de visibilité, n'a rien de rassurant.

On tente de ne pas penser à ce qui se passerait si nous heurtions quelque chose à cette vitesse. En fin de compte, si même le radar ne détecte aucun obstacle, il ne reste plus qu'à espérer. En principe, il ne devrait pas y avoir d'icebergs, par ici. Même si la température de l'eau n'est que de 6 °C.

TRENTE-QUATRIÈME JOUR
31/12/04
**2 jours 10 heures 44 minutes d'avance
670 milles au sud-ouest de la Nouvelle-Zélande
À mi-parcours**

L'objectif du jour, c'est de rester sur une route est, pour profiter d'un réchauffement des eaux. Ensuite, si tout va bien, de remonter vers le nord en profitant de la bascule des vents. Mais pour l'instant, c'est plutôt stressant : la température de l'eau chute, la visibilité ne dépasse pas quelques dizaines de mètres. En plus il fait nuit. Donc, si l'on voit quelque chose, c'est qu'on l'aura probablement déjà percuté. Comme si ça ne suffisait pas, on voit pas mal d'oiseaux par ici, et c'est toujours signe d'icebergs. Difficile de s'empêcher de regarder devant toutes les cinq minutes. Je n'ai vraiment pas envie de voir un iceberg, surtout à la vitesse où nous allons. Nous devrions rejoindre des eaux légèrement plus chaudes, du moins si j'en crois la carte des températures de la mer que j'ai téléchargée. Elle indique une température de 6,8 °C à l'endroit où nous nous trouvons. Et dans une heure, elle devrait atteindre 7,4 °C.

J'espère que ce sera le cas, parce que pour l'instant, la mer fait l'inverse, ce qui n'est jamais bon signe.

Je n'ai pas dormi depuis le lever du jour, il y a douze heures environ, et je ne pense pas que je vais réussir à arracher beaucoup de sommeil cette nuit. Nous sommes au nord-ouest de l'île Macquarie : elle se trouve encore à 100 milles d'ici, mais je pense que nous passerons au-dessus d'elle dans quatre heures à peu près. Nous tenons une moyenne nettement supérieure à 20 nœuds parce que le vent a fraîchi par ici, mais il retourne à l'ouest, ce qui n'est pas génial. Je voulais tenir cette route plein est, sinon nous serons mal quand il s'agira de réempanner tribord amures.

J'ai décidé de célébrer le Nouvel An à l'heure anglaise, plutôt qu'en heure locale. Et je vais le fêter en finissant par aller chercher ma boîte de Noël et en ouvrant mes cadeaux !

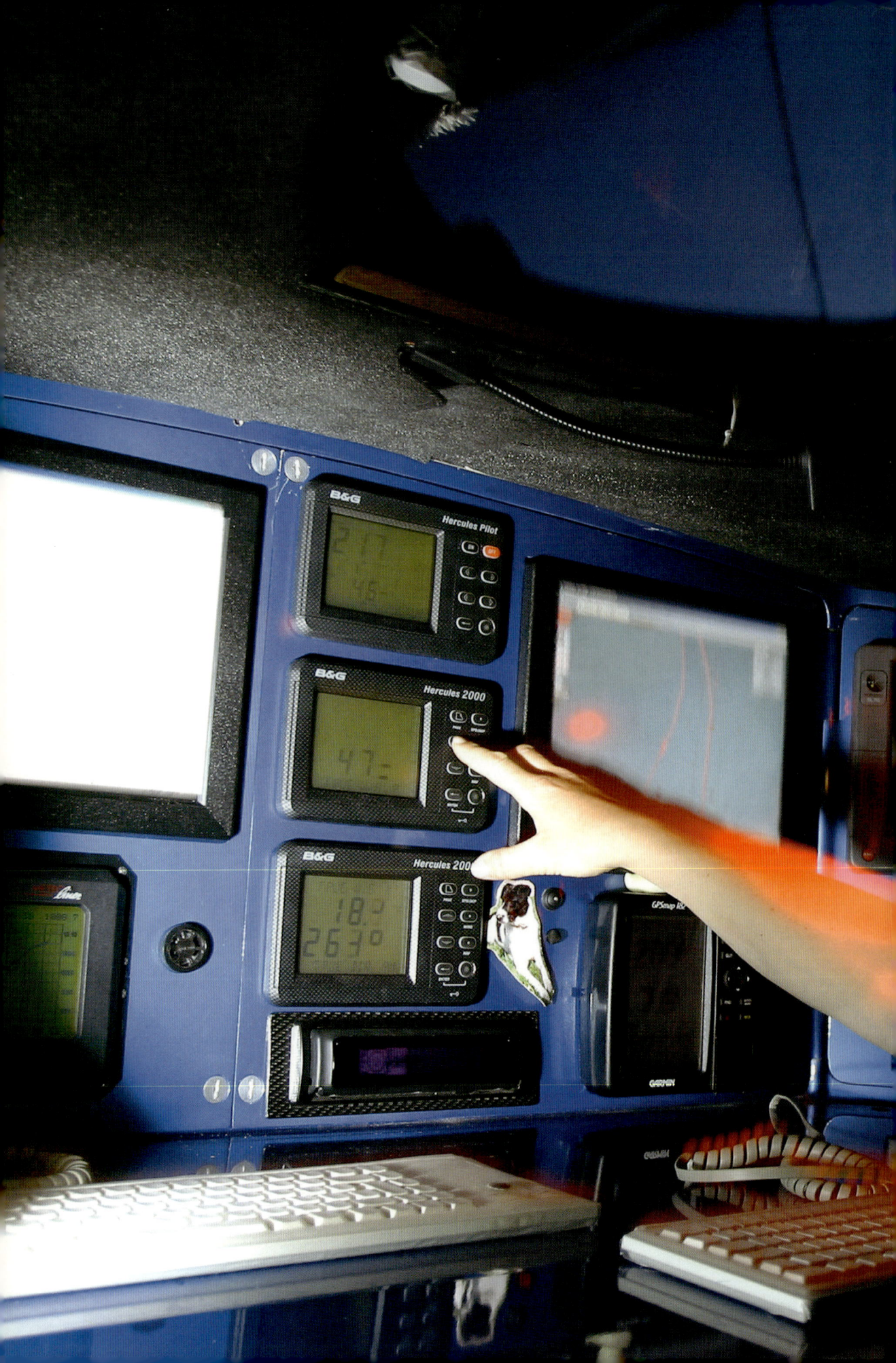

TRENTE-CINQUIÈME JOUR
1/01/05 Jour de l'An
2 jours 13 heures 40 minutes d'avance
95 milles à l'ouest de l'île Campbell

Une chose est sûre, le Nouvel An était bien mieux que Noël. On a fait du chemin, on allait vite et c'était génial de retrouver de la visibilité. Nous tenons toujours les 18 nœuds de moyenne, sous grand-voile haute et gennaker. Quelle chance, quand même : ça a fumé ces derniers jours, c'était super. Et ce qui se présente promet d'être pas mal non plus : apparemment, le vent devrait rester bon jusqu'au Horn. Donc croisons les doigts et espérons. En ce moment, la mer est relativement lisse, mais il y a de la houle, parce que nous naviguons dans les faibles profondeurs des parages de l'île Campbell. Il y a beaucoup de vie, par ici, et la mer semble différente. On sent qu'on est proche d'une terre, même si on ne peut la voir. Le ciel est tout gris – nous n'avons pas vu de ciel bleu depuis quatre ou cinq jours. Mais si tout va bien, nous devrions entrer dans des basses pressions et, derrière le front qui passe au-dessus de nous, nous devrions trouver une bonne brise de sud-ouest qui nous emmènera du côté est du Pacifique dans les jours qui viennent.

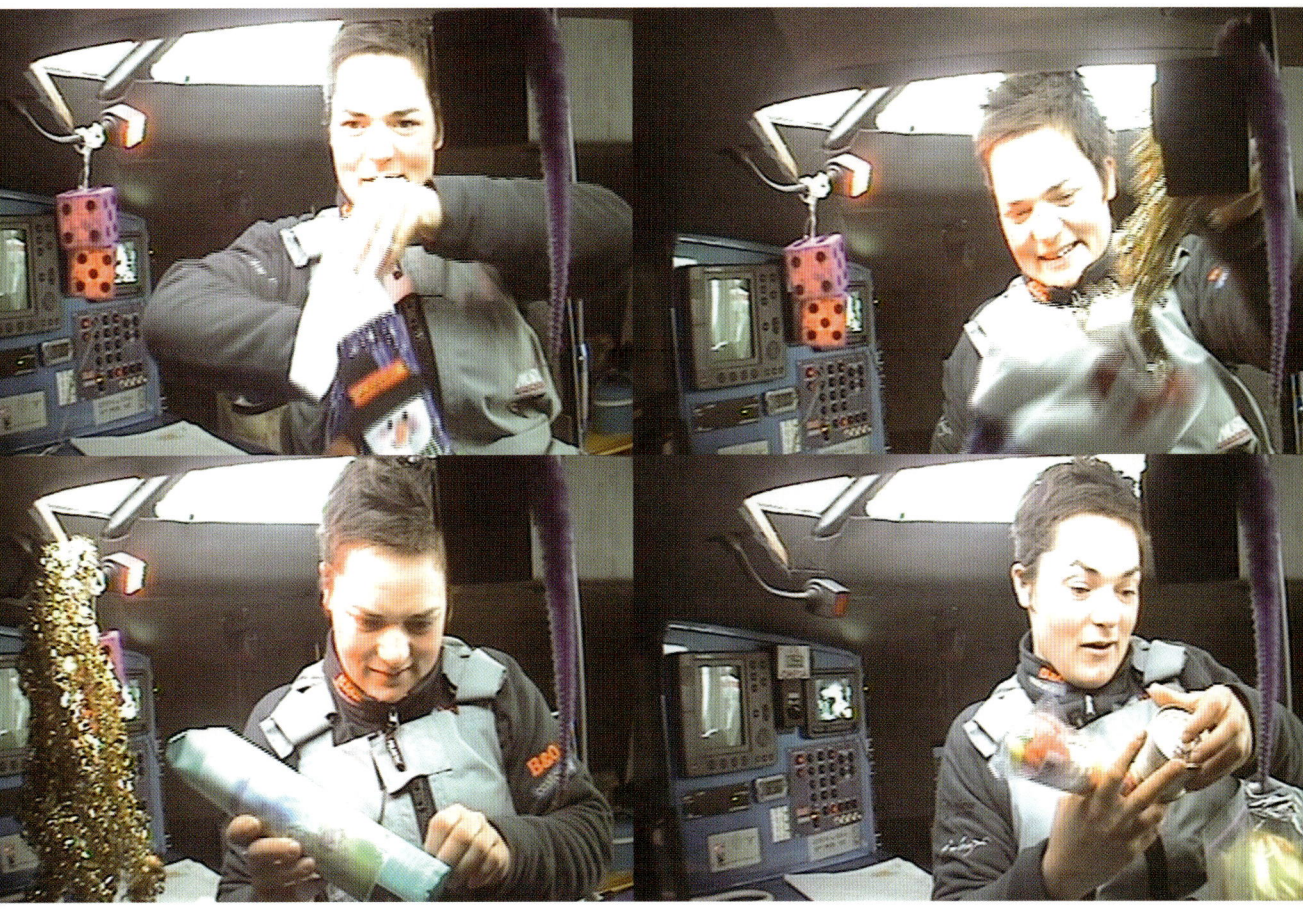

Je me suis finalement débrouillée pour ouvrir quelques cadeaux de Noël – et j'en ai des supers ! Je ne suis pas trop sûre de savoir qui m'a donné quoi, mais j'ai quand même deviné pour certains : Oli (le responsable de la construction du bateau) m'a offert des dés rouge fluo et Loïk, (le chef préparateur) un chien Scooby-Doo à tête articulée qui se tient désormais assis sur la table à cartes, opinant du chef ! Quand Scooby secoue la tête dans tous les sens, je sais qu'il fait très mauvais ! J'ai reçu beaucoup d'autres cadeaux ; de la part de Papa et Maman, un Christmas pudding, en particulier. Super, vraiment super ! Et le mieux, c'est que j'ai véritablement eu le temps de m'asseoir et de tout ouvrir.

Je crois que l'essentiel de mes pensées, en ce Jour de l'An, va vers le désastre survenu dans l'océan Indien, et tous les morts et la désolation qu'il a causés. Je n'ai rien senti, au large. La mer est certainement montée, puis redescendue, mais en bateau, il est impossible de le remarquer. Le fait est que la vague ne commence à déferler que lorsqu'elle approche du rivage, exactement comme le font les vagues sur une plage, mais la hauteur d'une vague sur une plage a un impact nettement différent de celui qu'elle a en plein milieu de l'océan. Les infos m'ont choquée, je n'arrivais pas à réaliser ce qui s'était passé. Dans ma tête, j'avais du mal à admettre l'ampleur du désastre généré par le même océan que celui sur lequel je navigue. Je crois que ce tsunami a littéralement choqué le monde entier et personne ne peut souffrir plus que ces gens qui ont perdu famille et amis. Mon vœu de Nouvel An, c'est que tout puisse redevenir aussi normal que possible, avec le minimum de souffrance possible.

TRENTE-SIXIÈME JOUR
2/01/05
2 jours 11 heures 48 minutes d'avance
315 milles à l'est de l'île Campbell

J'ai coupé la ligne de changement de date, aussi vis-je un deuxième 2 janvier ! J'ai mis un point d'honneur à économiser de la nourriture la semaine dernière, si bien qu'aujourd'hui, je peux me passer d'ouvrir le sac de ma ration quotidienne. Je voudrais éviter d'en entamer un aujourd'hui. Je compte le nombre de jours de mer en nombre de sacs de rations, donc j'économise ce sac jusqu'à demain !

Quatre heures environ avant le coucher du soleil, nous sommes tombés sur deux icebergs dérivant dans notre nord. J'ai été plutôt interloquée de trouver des glaces à ce point au nord. Nous sommes passés 70 milles au-dessus de la « porte anti-icebergs » imposée par le Vendée Globe. Pourtant, l'examen de la carte des températures d'eau m'a montré que cette présence était logique : les glaces ont très bien pu remonter sur une route

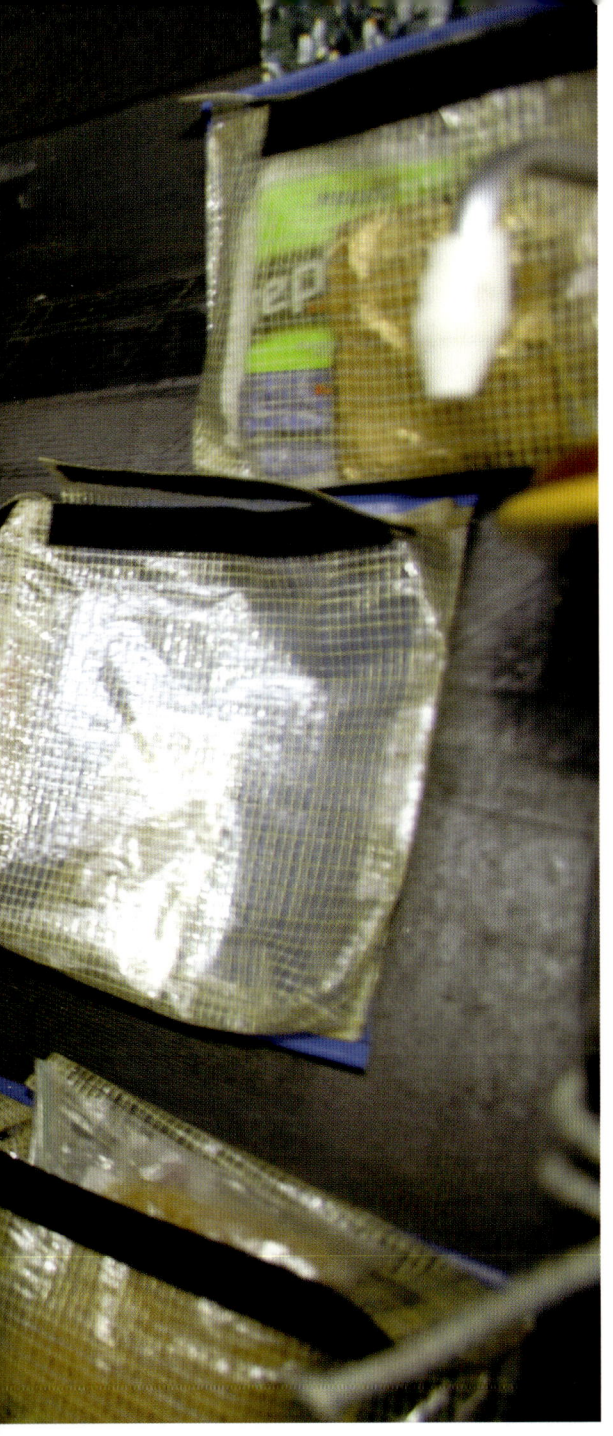

Bien évidemment, je risque de rencontrer d'autres icebergs, par ici. Mais j'espère que les chances vont diminuer au fur et à mesure que l'eau se réchauffera

L'eau était à moins de 8 °C. Bien évidemment, je risque d'en rencontrer d'autres, par ici. Mais j'espère que les chances vont diminuer au fur et à mesure que l'eau se réchauffera.

Au total, journée plutôt remplie, surtout parce qu'on a dû passer entre les îles Auckland et Campbell, au sud de la Nouvelle-Zélande.

Nous naviguons en ce moment dans un flux de sud-ouest, une situation que nous avons déjà rencontrée à plusieurs reprises dans le sud. Ce flux varie significativement en force, le vent souffle généralement en rafales. Difficile de progresser là-dedans en gardant une vitesse régulière. Les alarmes de vent se déclenchent tout le temps. Pourtant, ce flux est assez prévisible et pour peu qu'il garde cette direction, nous pourrions en profiter pour rester tribord amures jusqu'à l'endroit où la zone de convergence antarctique s'incurve vers le nord, à peu près à mi-chemin entre ici et le Horn. Il ne reste plus qu'à voir comment tout ça va évoluer.

plus septentrionale. Ces icebergs étaient très vieux, déjà pas mal fondus et ils flottaient dans un petit corridor d'eau froide orienté sud-nord. Le premier d'entre eux était tout à fait triangulaire et plutôt petit. Le deuxième était beaucoup plus gros et comportait plusieurs sommets. Difficile de déterminer leurs dimensions, mais ils pouvaient être gros comme des cargos et le deuxième, de la taille d'un porte-conteneur.

TRENTE-SEPTIÈME JOUR
3/01/05
2 jours 12 heures 19 minutes d'avance
530 milles au sud-est des îles Chatham

« Bon, les conditions ont été plutôt rudes, ces derniers jours… Les vents étaient extrêmement instables et le pauvre *Castorama* ne cessait de s'arrêter puis de repartir, comme si demain n'existait plus. Le ciel est assez bleu, mais il y a beaucoup de nuages, certains pas méchants, d'autres carrément menaçants, qui nous foncent dessus comme des démons armés de leurs rafales glacées. Hier, il a grêlé quand le vent est monté à 38 nœuds, pour se maintenir à 35 nœuds pendant quarante minutes… Le ciel est devenu tout noir, la mer comme de la soie grise, tandis que les grêlons martelaient la surface de l'eau. *Castorama* volait sur l'eau, il surfait à plus de 20 nœuds, descendant les vagues à la limite de l'embardée,

mais heureusement n'allant jamais au-delà. J'ai profité de grains de ce genre pour récupérer de l'eau douce, en installant un seau dans les voiles, à la hauteur du mât. L'eau qui coulait des voiles était froide comme de la glace fondue. Je regardais ce grain et les grêlons me mitraillaient la peau. Ils rebondissaient sur le pont, c'est dire la force avec laquelle ils nous tombaient dessus,

Le ciel est devenu tout noir, la mer comme de la soie grise, tandis que les grêlons martelaient la surface de l'eau

mais ils venaient de très très haut. J'ai gardé 2 litres pour ma consommation d'eau douce, et avec le reste, j'ai fait une lessive. J'ai lavé mes thermiques, même s'ils ne sentent pas si mauvais, tellement il fait froid, mais ça change vite dès que ça se réchauffe ! La nuit dernière, le vent faisait n'importe quoi et il oscillait entre 5 et 38 nœuds. On avait l'impression de jouer au chat et à la souris avec lui et parfois de lui échapper complètement… Frustrant, crevant et plein de changements de voiles à la clé (onze en vingt-quatre heures). J'ai réussi à grappiller quelques heures d'un sommeil agité. Je me réveillais chaque fois que l'alarme stridente m'avertissait que le vent avait une nouvelle fois fraîchi. Je m'arrachai du plancher où je m'étais

recroquevillée en ciré, sous une couverture, et scrutai le ciel pour deviner l'arrivée d'un de ces diables de nuages noirs. La nuit n'en était pas moins belle : le coucher du soleil avait été magnifique, sa lumière orange caressait la crête des vagues et illuminait les oiseaux de ses « chauds » rayons. C'est une vision saisissante, ces nuages noirs qui assombrissent le ciel et le bateau qui se détache devant eux, éclairé comme par un feu d'hiver. Désormais, je peux voir le ciel, la nuit. Je m'aperçois que le crépuscule se fond dans l'obscurité, mais qu'il ne fait jamais complètement noir. En fait, il subsiste toujours cette lueur dorée sur l'horizon – le crépuscule qui se font dans l'aurore pour enfanter un jour nouveau. Ce matin, le vent

est un peu plus stable, il faut donc décider quelles voiles porter. Je suis toujours mon pire ennemi, dans ce genre de situations.
Je tiens à ce que *Castorama* avance aussi vite que possible. Mais c'est chose ardue dans ce temps à grain, parce qu'il est très difficile d'anticiper les vitesses du vent. J'ai quand même voulu me rendre utile, après m'être dit qu'il fallait attendre un heure ou deux… j'ai installé les sécurités sur le laçage du trampoline, j'ai extrait deux ou trois seaux d'eau du flotteur au vent. Et cette fois, j'ai essayé de mieux l'étanchéifier avec du mastic silicone. J'ai eu l'impression de revivre la même scène qu'hier, quand j'étais dans le flotteur en train d'écoper quelques seaux d'eau. Drôle de sensation de se trouver là-dedans, la tête

émergeant juste au ras du pont. L'endroit est étroit mais à peu près de ma taille, aussi quand le capot est ouvert, je peux tenir debout sur le fond de la coque. J'avais l'impression d'être un personnage de bande dessinée, ma petite tête dépassant tout juste de cette immense et jolie forme. J'en souriais, mais peut-être est-ce le fait de naviguer par ici en solo qui vous fait ce genre d'effet ! » Ellen xx

Je m'arrachai du plancher où je m'étais recroquevillée en ciré, sous une couverture, et scrutai le ciel pour deviner l'arrivée d'un de ces diables de nuages noirs

TRENTE-HUITIÈME JOUR
4/01/05
2 jours 15 heures 45 minutes d'avance
Exactement au sud de la Polynésie française

En ce moment, les rafales dépassent 40 nœuds et nous sommes entourés d'éclairs. Les grains de grêle se sont succédé toute la journée. Le temps est incroyablement instable. La mer n'est pas trop creuse, mais le vent fait n'importe quoi. Je suis vannée, je n'ai presque pas dormi. L'alarme se déclenche tout le temps : elle m'annonce que le vent dépasse une fois de plus les 28 nœuds, ou bien 35 nœuds, ou encore 40 nœuds. Du coup, il est vraiment difficile de s'abstraire, de se relâcher, voire même de simplement se tenir debout dans le bateau. On est vraiment à la limite, et ça ne risque pas de changer au cours des prochaines trente-six heures. Alors, il ne reste plus qu'à s'accrocher.

TRENTE-NEUVIÈME JOUR
5/01/05
2 jours 21 heures d'avance
À 3 020 milles du cap Horn

« Sujet : Ici et maintenant – et non là-bas, derrière.

Et une fois de plus, je suis de retour au pays des vivants !! Allez *Mobi*, allez…

Salut monde extérieur… Aujourd'hui, je me sens un peu comme si je m'étais réveillée sur une autre planète… J'ai une faim de loup. Exactement les pires conditions pour un multicoque qui peut chavirer à tout moment – et je dois avouer que tandis que nous volions ainsi sur l'eau sous grand-voile à un ris et solent dans 44 nœuds de vent, je n'arrêtais pas une seconde de parler toute seule – je devais me répéter sans cesse que nous allions y arriver. La journée d'hier a été la pire de toutes, avec des grains géants, les mêmes vents imprévisibles – au début, il y avait 30 nœuds de vent établis, après une rafale à 47 nœuds, et je naviguais sous trinquette et trois ris. Prendre des ris, les larguer, tous mes muscles me faisaient mal. Je dois m'excuser auprès des albatros qui sont venus voir pourquoi je hurlais ainsi. J'étais à bout, complètement à bout, vidée, épuisée. Mais à ce stade, sans aucune échappatoire, sans pouvoir pousser le bouton magique qui ramènerait des conditions normales, il n'y avait aucun moyen d'éviter les alarmes et les réveils qui hachaient sans arrêt mes rares moments de

Je ne sais pas où j'en ai trouvé l'énergie, parce que mes yeux étaient pleins de larmes l'instant d'avant, mais j'ai fait un bonhomme de neige et après ça – lentement mais sûrement – tout a commencé à aller mieux

repos – c'était l'épuisement complet. J'ai tenté de vérifier ma météo, mais comme par hasard, les fichiers de vent que je récupérais étaient périmés depuis six jours. Mais je ne m'en suis pas rendu compte, si bien que ça m'a complètement détruite, car je n'en voyais pas la fin. Reste ce qui m'aide, m'a aidée et m'aidera toujours : la lecture des mails. L'un est d'Oli, hier, un autre des membres du team. Ils m'ont envoyé un texte incroyable, qui ne pouvait que me remonter le moral. en ce jour atroce. Des milliers d'autres arrivent sur le site ; et pendant que j'attendais la fin du téléchargement des cartes météo, je me suis assise pour lire tous ces encouragements, et sincèrement, j'ai pleuré. Pleuré devant ces soutiens venus de partout et de tant de gens – ça rend humble. C'était comme s'ils étaient destinés à quelqu'un d'autre en train d'accomplir quelque chose d'incroyable.

Hier soir, la situation a changé : je sentais que les conditions commençaient à s'améliorer après un ultime déchaînement, un orage de grêle. Pas une simple averse, mais de quoi remplir le cockpit de 5 centimètres de glace. Je ne sais pas où j'en ai trouvé l'énergie, parce que mes yeux étaient pleins de larmes l'instant d'avant, mais j'ai fait un bonhomme de neige et après ça – lentement mais sûrement – tout a commencé à aller mieux. À l'aube, j'étais sous grand-voile haute et génois – et en ce moment le vent est faible – mais enfin, Dieu merci, – bien plus prévisible.

Terminé pour Ellen – qui va manger un morceau… »

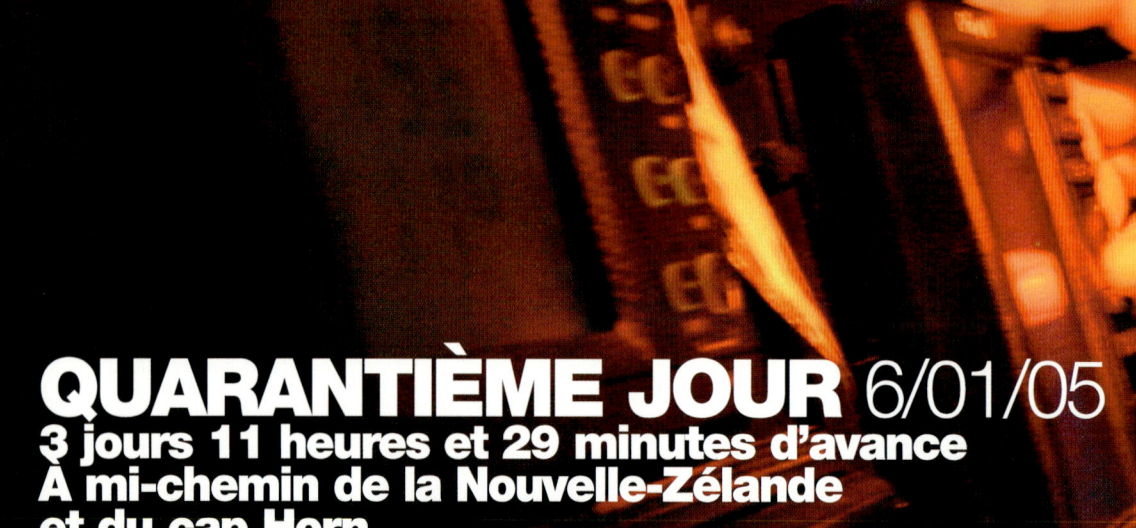

QUARANTIÈME JOUR 6/01/05
3 jours 11 heures et 29 minutes d'avance
À mi-chemin de la Nouvelle-Zélande et du cap Horn

« Sujet : Ma vie est entre vos mains…
Je suis assise à la table à cartes, mes pieds gelés glissés dans les footstraps. Le hublot qui n'est qu'à quelques centimètres de ma tête est sans cesse balayé par les embruns et la mer que j'aperçois, chaque fois que l'eau s'évacue, est blanche d'écume. On fonce à 20,04 nœuds sous tourmentin et trois ris et *Castorama* m'éblouit. C'est son temps, il s'arrange des conditions avec une âme de guerrier. Ce n'est pas seulement son âme d'ailleurs, mais celle des centaines d'hommes et de femmes qui ont consacré tout leur temps, tous leurs efforts et tout leur amour à construire le bateau le plus génial de la planète. Je l'aime d'amour, ce bateau. Il a fait face quand j'étais crevée, et je lui ai prodigué tous mes soins quand il a souffert. C'est un bateau formidable, je lui suis reconnaissante maintenant, et je lui serai reconnaissante toute ma vie. Si seulement vous pouviez le voir chevaucher ces immenses vagues, – sans pratiquement jamais la moindre embardée – et se remettre en ligne chaque fois qu'il est bousculé…

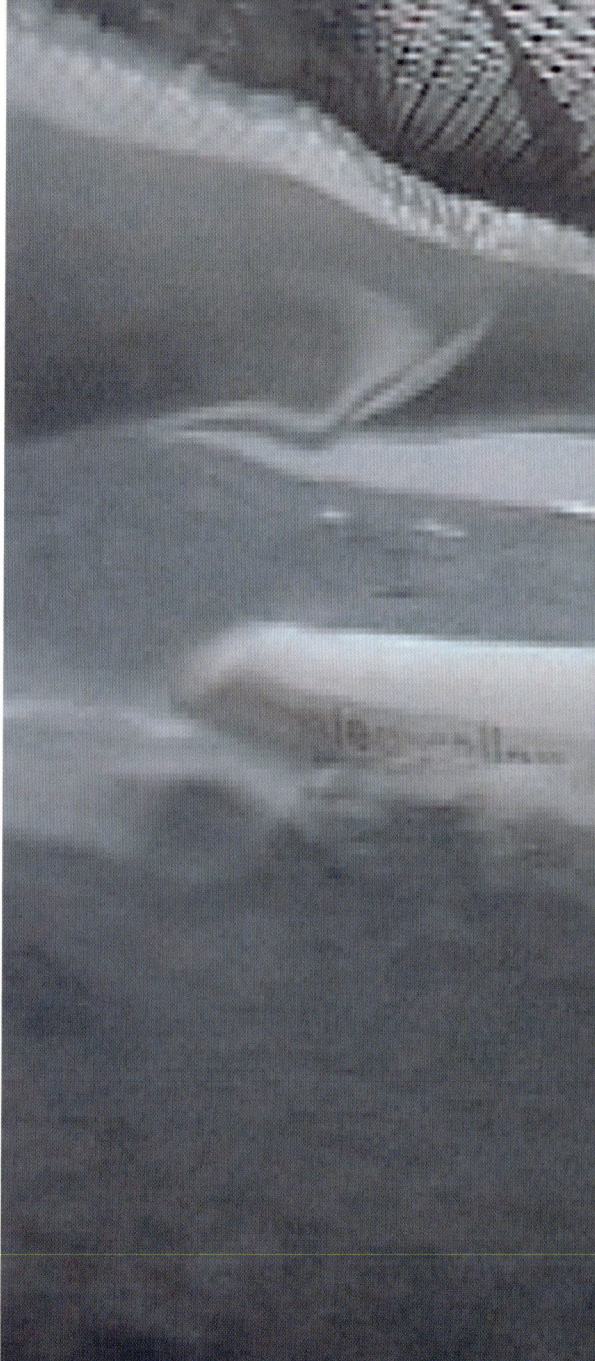

Je n'arrive pas à dormir, je dois même me forcer à manger, tellement je suis nerveuse. On affronte une forte tempête et les prévisions ne sont guère encourageantes, avec 60 nœuds de vent probables, même si ce n'est guère plus que les rafales à 47 nœuds que nous avons déjà encaissées. J'ai toujours très froid aux pieds parce que je ne parviens pas à me décider à quitter mon ciré. Les mouvements du bateau sont si brutaux que je dois me tenir à chaque instant pour éviter de me faire des bleus. Les conditions ne nous ont guère été charitables, ces derniers jours, et je n'ai pratiquement pas pu me reposer entre deux dégelées. Et pourtant, je tiens bon. Pour l'instant, nous continuons de nous bagarrer. Je suis abrutie de fatigue, avec cette peur et cette adrénaline qui coulent à flots dans mes veines. Mon cerveau est tellement en alerte qu'il ne parvient pas du tout à débrancher… Je suis dans ma couchette, le pantalon de ciré en tire-bouchon sur mes chevilles et j'essaie de dormir, mais tout ce que j'arrive à faire, c'est à fermer les yeux dans l'attente du prochain choc, quand une nouvelle vague va s'abattre sur nous. Et ce qui est affreux, c'est que je ne sais jamais quelle taille elle fera. Je reste allongée, les orteils recroquevillés, les poings crispés et, pis, les mâchoires complètement soudées. Je me demande pourquoi je fais ça : soit c'est le stress, soit c'est une façon d'éviter de me mordre la langue si jamais je m'endormais. Sincèrement, j'ai connu mieux… Mais on est arrivé jusqu'ici, alors on s'en SORTIRA. Chaque instant qui passe, le Horn est plus proche.

Le soutien que je sens dans tous vos mails me dope littéralement. Je n'ai pas de mot pour l'exprimer. Chaque fois que je consulte la météo, j'ouvre la dernière mise à jour de vos mails et j'en lis le plus possible. VOUS êtes incroyables ! »

exx

***Castorama* m'éblouit. C'est son temps, il s'arrange des conditions avec une âme de guerrier**

Je sais que cette tempête va être méchante et je sais que chaque fois que je recharge les batteries, la dernière chose au monde que je souhaiterais, c'est d'avoir à me ruer pour redémarrer le générateur. Je viens à l'instant de tenter de recharger : avec la mer qu'on a, il s'est arrêté six fois en vingt-cinq minutes. Je ne peux pas continuer comme ça. Il faut que je charge pendant six heures par jour, et je ne peux quand même pas passer six heures par jour à courir comme une folle d'un bout à l'autre du bateau. J'ai besoin de tous les moyens disponibles, cette semaine : on est en plein Quarantièmes, il fait glacial et je suis crevée. C'est ce qui m'a décidée à remettre le gros générateur en service. Au passage, je me suis débrouillée pour me brûler salement le bras sur le pot d'échappement du générateur de secours. J'ai aussitôt retiré mon thermique pour voir la plaie et mon bras s'est mis instantanément à cloquer. J'ai appliqué de la crème anti-brûlure et ça me fait moins mal.

QUARANTE ET UNIÈME JOUR
7/01/05

**4 jours 8 heures 37 minutes d'avance
2 000 milles à l'ouest du cap Horn**

C'était les trois jours de mer les pires de toute ma carrière. Ils précédaient la plus virulente des tempêtes et nous sommes toujours en pleine punition. J'ai dû effectuer quatre changements de voiles depuis cette tempête : on est passé de trois ris-tourmentin, à trois ris-trinquette, puis de deux ris-solent à un ris-solent. L'une des clés de l'affaire, c'est qu'il nous faut à tout prix rester dans le nord. Parce que plus nous sommes repoussés dans le sud, plus le vent sera infernal, moins sa direction sera favorable et plus il nous faudra lutter contre lui. Les mouvements du bateau sont horribles et je n'arrive pas à faire le vide, à débrancher mon cerveau. Je n'ai pratiquement pas dormi, ces dernières vingt-quatre heures, je ne faisais qu'attendre que le plus fort du coup de chien soit passé – je savais que cela devait se produire entre 22 heures et 06 heures GMT et j'essayais de m'y préparer. Mais tant que nous n'étions pas sortis de là, impossible de se relâcher, c'était trop dangereux. J'ai quand même réussi à dormir une fois vingt minutes, vers 21 heures GMT. J'ai rempli la bouillote de Maman, je me suis allongée dans ma couchette et je me suis débrouillée pour réussir à dormir. Ce n'était pas grand-chose, mais ça fait une

grosse différence. Le reste du temps, je me suis contentée de me recroqueviller, les pieds glacés, l'esprit en alerte. Le bateau prenait des coups terribles. Impossible de me relaxer. L'adrénaline coulait à flots, j'avais le cœur à 160, on était vraiment à la limite.

Quand j'ai vu le bulletin de Météo France d'hier qui annonçait que les vents pouvaient atteindre 80 nœuds près du centre de cette dépression de 600 milles de rayon, je n'ai pas passé le meilleur moment du voyage. Je dois avouer qu'à l'instant, je suis plutôt heureuse d'être encore en vie ! Le fait d'avoir réussi à rester devant la dépression en tenant les 20 nœuds de moyenne sur les dernières vingt-quatre heures signifie qu'on a échappé au pire. Et c'est là que la vitesse peut devenir un sacré atout. Je suis soulagée d'être parvenue jusqu'ici avec un bateau en un seul morceau, en tenant toujours ce cap plein est. Une seule erreur au cours des vingt-quatre heures passées, et c'en aurait été fini de nous. Je ne peux même pas en imaginer les conséquences.

En ce moment, la mer n'est pas aussi méchante que ce à quoi je m'attendais : le vent est retombé à 20 nœuds et je vois des pans de ciel bleu. Il me semble que ça fait une éternité que je contemple un ciel gris, menaçant et chargé de pluie. En fait, la dépression nous a envoyé ce vent de nord-ouest super violent. Il soufflait devant le front froid qui a fini par nous dépasser. Samedi, nous allons retrouver ce

front qui vient de nous attaquer et nous allons le retraverser. Mais si tout va bien, le vent devrait être moins fort dans le nord, il devrait souffler moins brutalement et un peu plus du nord-ouest.

Nous ne sommes plus qu'à quelques journées du cap Horn. On n'y est pas encore, mais on approche, et en soi c'est déjà un soulagement, parce que nous avons eu notre lot de tempêtes dans les Quarantièmes. On a eu des problèmes et ce n'est pas encore fini, j'en suis bien consciente. Et je ne compte pas baisser la garde, tant que la ligne d'arrivée n'est pas franchie. La prochaine occasion de fêter quelque chose à bord sera sans doute le passage du Horn, pour peu que nous y parvenions sains et saufs. Pour nous, marins, le cap Horn est une marque mythique. Quand vous le franchissez, c'est comme si on vous retirait un poids des épaules, aussi est-ce vraiment un moment qui mérite d'être fêté. Quand vous doublez le Horn, vous quittez le Grand Sud. Et c'est un gros soulagement, parce que vous laissez derrière vous les tempêtes et l'isolement. Le Grand Sud est un monde sidérant, un monde qui vous attire, vous aimante. Mais c'est un monde extrêmement dangereux et ce monde vous use, vous et votre bateau. Même si vous n'en avez pas fini avec le mauvais temps, il ne fera jamais aussi mauvais que dans le sud, parce que la terre n'est jamais bien loin et que l'océan est complètement différent.

QUARANTE-DEUXIÈME JOUR
8/01/05
4 jours 17 heures 7 minutes d'avance
1 600 milles à l'ouest du cap Horn

Notre avance sur le record dépasse les quatre jours et dans mes rêves les plus fous, jamais je n'aurais imaginé posséder une marge pareille à quelques jours du Horn. Jamais. J'en suis absolument aux anges. Mais je suis bien consciente aussi qu'il reste encore 10 000 milles à courir, que nous n'avons pas encore franchi le Horn et qu'une dépression très méchante n'est qu'à 250 milles derrière nous. J'affronte les situations au fur et à mesure. Pas une journée ne passe sans que je me demande : « Qu'est-ce qui va casser, qu'est-ce qui va se passer, quel système météo va se comporter autrement que prévu ? »

Les glaces constituent un risque permanent. J'ai des alarmes réglées sur la température de l'eau. Il y a quelques jours, on a traversé une zone où des icebergs avaient été repérés. J'ai dû assurer une veille ininterrompue tant qu'il faisait jour. En fin

d'après-midi, j'en ai vu deux, tous deux à demi fondus, mais tous deux situés dans le nord de notre route. Plutôt perturbant, parce que nous étions déjà 60 milles au nord de toutes les positions signalées. D'habitude, les glaces se trouvent 300 milles plus au sud. Donc j'espère simplement que nous aurons dépassé cet endroit à la nuit tombée, parce que le radar ne parvient pas à repérer ces glaçons. C'est toujours un choc de découvrir ces morceaux de glace, si durs et si silencieux. À la vitesse où l'on va, ils ont le pouvoir d'interrompre net toute l'aventure…

Francis a souffert dans l'Atlantique sud, pas tant à l'aller qu'au retour, donc nous pouvons nous payer le luxe de traverser une mauvaise passe et de tomber sur des petits airs. Si nous avons toujours cette avance au Horn, ça ira. Seulement, ensuite, Francis a eu de très bonnes conditions en Atlantique nord, il n'a pas vraiment subi les effets du Pot-au-Noir. Donc, pour nous, la question est simple : « Allons-nous avoir le droit à un mauvais Pot-au-Noir ? Est-ce qu'on va souffrir dans l'Atlantique sud ? Est-ce qu'on va souffrir dans l'Atlantique nord ? » On pourrait très bien en baver dans les trois cas. Ici, les conditions vont bientôt très vite changer. Pour l'instant, elles sont à peu près stables. J'espère qu'elles ne vont pas se dégrader trop vite. La brise va finir par adonner à nouveau, et j'estime qu'il nous faudra empanner d'ici à une douzaine d'heures… C'est ça, hein ? Une chose est sûre à 100 %, ce lundi s'annonce absolument redoutable. On va se prendre des vents aussi violents qu'irréguliers avec des rafales terribles et je ne suis pas du tout pressée de voir ça.

QUARANTE-TROISIÈME JOUR
9/01/05
**4 jours 20 heures 50 minutes d'avance
1 200 milles à l'ouest du Horn**

On est allé très vite, c'était très excitant. Et plutôt brutal, mais toute cette belle avance sur le record doit beaucoup à Nigel Irens et Benoît Cabaret, les architectes du bateau. Bien sûr, la préparation a compté tout autant, mais Nigel a dessiné un trimaran incroyable.

C'est génial, cette marge. Cela me permet de prendre moins de risques, de moins pousser le bateau dans la remontée de l'Atlantique, tout en gardant à l'esprit le fait que nous pouvons encore reperdre ce capital. Lors d'une tentative en équipage, Olivier de Kersauson a perdu six jours entre l'équateur et l'arrivée. Donc la rude leçon est toujours valable : tant que ce n'est pas fini, ce n'est pas fini… C'est à vous de décider où mettre la limite, jusqu'où pousser le bateau, à quel point accepter de céder un peu d'avance. Ce n'est pas aussi simple qu'il n'y paraît : il reste encore 10 000 milles, le bateau commence à fatiguer, le skipper est de plus en plus épuisé, vidé psychiquement et émotionnellement et il reste tout l'Atlantique à remonter. Et ça ne s'annonce pas facile, pas du tout même. Sur un tour du monde, c'est en Atlantique qu'on trouve les vents les plus faibles. Ça me mine. Je ne parviens absolument pas à me détendre.

En dépit de notre vitesse, les conditions sont restées suffisamment stables pour me permettre de dormir beaucoup plus qu'au cours des deux dernières semaines, mais honnêtement, je ne me sens pas si reposée que ça. Je tire plus sur le bateau que ce que je voudrais et je ne suis pas tranquille, mais je crois que c'est le bon moment pour faire de la vitesse. Plus nous parvenons à rester en avant de la dépression, mieux c'est – elle n'est qu'à 100 milles derrière environ et elle gagne sur nous. Il n'y a que 20 à 22 nœuds de vent et je suis sur le point de larguer un ris. J'essaye de me reposer le plus possible, de me réchauffer et de m'occuper du bateau pour ne rien casser. Inutile de forcer, on s'est débrouillés pour rester devant cette petite dépression : elle semble maintenant se déplacer vers le sud dans notre sillage, ce qui est une excellente nouvelle. Il ne nous reste plus qu'à naviguer cap à l'est relativement vite, car plus nous parvenons à rester dans le flux de nord-ouest, plus les conditions seront stables. Quand le vent basculera au sud-ouest, il suffira d'empanner sous la côte ouest du Chili.

Hier soir, je me suis demandé : « Je dors ou je mange ? » Pour finir, j'ai décidé de dormir. Je n'ai pas avalé mon dîner avant l'aube, vers 4 heures du matin, et des spaghettis bolognaises à cette heure-là, ce n'est pas terrible ! Je me suis quand même forcée à manger. En fait, je me suis presque gavée ! Je me prends parfois pour une machine qui effectue

ses tâches mécaniquement l'une après l'autre, mais généralement cette routine est perturbée, aussi chaque fois que je parviens à la suivre un tant soit peu, c'est une bonne chose. C'est dur en ce moment, il fait très froid, même dans le bateau. Je viens de découvrir que je peux me glisser sous ma couverture polaire à l'intérieur de mon sac de couchage, ce qui a révolutionné mon sommeil ! Il ne me faut plus qu'à peine 20 minutes pour sentir à nouveau mes pieds, ce qui n'est pas si mal. Je porte en permanence deux paires de chaussettes, et quand je bouge, ça va. Après une manœuvre, vous transpirez tellement qu'il est hors de question de se refroidir.

Le bateau est nickel. Le système de barre tient bon – je touche du bois – même si un fusible a encore lâché hier. Je l'ai remplacé par un cordage plus gros, mais c'est le dernier qui me reste, ce qui est un peu inquiétant, avec les 10 000 milles que nous avons encore à couvrir. Mais d'un autre côté, nous sommes presque sortis des Quarantièmes, qui sont impitoyables avec le gouvernail. Les vagues sont tellement fortes qu'elles semblent chercher à pulvériser le safran. Normalement, l'Atlantique sud devrait être moins brutal, au moins de ce point de vue. J'ai l'impression que nous naviguons dans les Quarantièmes depuis une éternité et je n'arrive pas à réaliser que nous allons franchir ce cap. J'attends ce moment avec impatience, mais impossible de me dire que nous allons y parvenir dans quelques jours seulement. Ça paraît irréel.

QUARANTE-QUATRIÈME JOUR
10/01/05
4 jours 22 heures 59 minutes d'avance
775 milles à l'ouest du cap Horn

Le temps devient variable, à l'approche du Horn. Nous sommes englués dans l'axe d'une dépression et la brise est tombée à 15 nœuds, même si elle semble à nouveau fraîchir.

Apparemment, la dépression nous a dépassés, du coup notre cap est légèrement plus nord que le Horn, mais quand le vent va basculer à l'ouest, nous pourrons de nouveau remettre un peu plus de sud. Je n'ai aucune idée de notre heure estimée d'arrivée au Horn. Je dirais peut-être mercredi matin. Tout dépend du vent. J'espère qu'il va tenir. Pour le moment, le cap est idéal. Espérons seulement qu'on pourra doubler le Horn sans trop de problèmes. Le plus dur, pour moi, c'est de sentir que le bateau n'est

pas à 100 %. J'ai hésité plus longtemps que je n'aurais dû à renvoyer de la toile, simplement parce qu'il y avait un grain qui me stressait. Néanmoins, on s'est débrouillé pour tenir une vitesse de 16 nœuds, ou plutôt 17, en tout cas plus élevée qu'avant. Elle augmente doucement, mais nous n'allons pas voler sur l'eau pour autant. Au total, pourtant, ça va. Et quel soulagement de doubler bientôt le Horn, puis de mettre cap au nord vers l'arrivée et la tranquillité du port ! J'étais en ligne avec George, de Commanders Weather, quand un premier grain nous est tombé dessus. Il n'y avait pourtant que 19 nœuds de vent, pas de gros nuage, tout semblait OK, jusqu'à ce qu'on embarde sur une vague. J'ai jeté un coup d'œil par le hublot, j'ai vu le pied de la vague qui allait nous frapper sous un angle beaucoup trop fermé, et tout ça n'avait pas bonne gueule du tout. Un vrai moment de terreur. Les Quarantièmes ne sont pas finis, les vagues y sont mortelles pour un multicoque. Voilà ce qui nous attend jusqu'au Horn, que nous franchirons par 35 ou 40 nœuds de vent. Ça s'annonce brutal et pas drôle du tout. Impossible de trouver la meilleure combinaison de voilure. Du coup, je reste sous deux ris-solent, comme une imbécile. Mais dans ces vagues énormes, les rafales sous les grains sont super dangereuses. Et j'ai tellement manœuvré au cours de ces dernières vingt-quatre heures que je suis complètement crevée.

QUARANTE-CINQUIÈME JOUR
11/01/05
5 jours 8 minutes d'avance
380 milles à l'ouest du cap Horn

« Sujet : les Quarantièmes

Il y a 30 à 40 nœuds de vent en ce moment et nous sommes sur le point d'empanner, à 45 milles des côtes chiliennes. Les vagues sont monstrueuses et, depuis le cockpit de *Castorama*, je ne peux m'empêcher de me dire que cet endroit va me manquer... C'est comme si le Grand Sud s'était installé en vous, à votre insu ; sa présence est faite de souvenirs très forts et de paysages à couper le souffle. Derrière nous, je vois un grain plein de pluie éclairé par le soleil couchant... la lumière orange éclate en contraste avec le gris sombre du grain, elle illumine l'écume qui vole à la crête des vagues, leur donnant un contour délicat, presque comme une étole de fourrure. Comment un monstre de puissance de 12 mètres de haut peut-il sembler si gracieux ? Tandis que les rayons éclairent une déferlante en contre-jour, elle paraît en soulever la crête encore plus haut... et c'est comme si une autre source de lumière allumait d'incroyables reflets turquoise, des nuances tellement éclatantes sur cette mer uniformément grise... Un albatros solitaire plane devant nous... Combien de bateaux a-t-il vus passer par ici, je me le demande...

Il me vient des larmes aux yeux quand je pense que ce sont les derniers albatros du voyage. Leur vol élégant, aérien, leur présence constante devra rester gravée dans mon esprit jusqu'à la prochaine fois…

Maintenant, si tout va bien, le prochain coucher de soleil derrière *Castorama* sera le dernier des Quarantièmes, que nous allons bientôt quitter… »

ellen x

Les prochaines vingt-quatre heures ne s'annoncent pas simples, c'est certain. Tout est tendu vers notre passage du Horn et ça va être sportif. Nous venons de prendre un grain à plus de 40 nœuds, puis le vent est retombé en quelques minutes à 20 nœuds. Nous tenons une moyenne de 15 à 23 nœuds, mais parfois elle descend largement en dessous, ce qui nous empêche d'estimer précisément notre heure de passage au Horn. En tout cas, ce ne sera pas aussi tôt que je le pensais hier. Nous ne sommes pas allés vite la nuit dernière, aussi je dirais que nous devrions passer entre 6 heures et 12 heures GMT. Mais comme ces dernières heures, les conditions se sont plutôt améliorées, j'espère qu'elles vont se stabiliser ainsi, même si je n'en ai pas la moindre idée. Quoi qu'il se passe, nous devrons empanner au Horn, ce qui implique pas mal de manœuvres. En tout cas, pas un simple passage devant le cap, et hop, on tourne à gauche !

Doubler le Horn vous soulage d'un énorme poids. On est tellement vulnérable, là-bas. Et il nous reste encore plusieurs centaines de milles avant d'y parvenir, pas mal de temps, en somme, au moins vingt-quatre heures. Il ne faut pas s'en faire, s'occuper de soi et du bateau et espérer que nous virerons le cap sans trop de bobos. Les chances de réussite augmentent considérablement après le passage du Horn. Cela signifie que vous avez franchi les Quarantièmes, la partie la plus dangereuse et la plus stressante du tour du monde. Mais ensuite, il vous faut envisager le dernier tronçon, celui des vents les plus instables.

Ce que je réalise ici n'est qu'une fraction de l'ensemble du projet. Presque insignifiante si vous considérez la quantité de travail abattu en deux ans, et j'estime avoir une chance folle d'accomplir cette part du boulot, quelle que soit sa difficulté, une chance folle de voir tout ce que j'ai vu. Mais le soutien que me procure l'équipe est tout simplement infini, sidérant.

QUARANTE-SIXIÈME JOUR
12/01/05
4 jours 2 heures 45 minutes d'avance
Record en solitaire au cap Horn

Nous avons doublé le Horn à 7 heures par un temps épouvantable. Juste avant le coucher du soleil hier soir, j'ai dû descendre la grand-voile. Il y avait 50 nœuds de vent cette nuit, et ça continue ce matin. Les vagues sont absolument gigantesques. Quand il a commencé à faire jour, j'ai réalisé que c'était l'une des mers les plus énormes que j'ai jamais vues. En fait, nous sommes arrivés sur le plateau qui entoure le Horn, les vagues y sont beaucoup plus hautes et déferlent bien plus violemment, si bien que tout devient limite. Le bateau est bousculé dans tous les sens comme un bouchon. Mais Dieu merci, au moins le vent vient de derrière. La mauvaise nouvelle, c'est qu'il

s'effondre de temps à autre et qu'au moindre ralentissement, les vagues provoquent des embardées effrayantes.

En tout cas, nous sommes arrivés au terme des 12 000 milles des Quarantièmes. Donc le temps devrait se calmer, d'ici à une dizaine d'heures j'espère, et le moment sera venu d'empanner et de mettre cap au nord. Dès que nous serons un peu à l'abri de la terre, les conditions devraient s'améliorer. La mer devrait être moins forte et pouvoir renvoyer de la toile sera une bénédiction.

Même si nous avons dépassé le Horn, nous tenons toujours un cap assez sud. Par le hublot bâbord, je vois la mer complètement blanche. Une énorme vague vient de briser à côté de nous et l'écume doit bien s'étaler sur une vingtaine de mètres carrés. Puis la vague suivante arrive et nous voilà lancés dans un nouveau surf délirant.

QUARANTE-SEPTIÈME JOUR
13/01/05
4 jours 19 heures 53 minutes d'avance
70 milles à l'ouest des Malouines

Il s'est passé quelque chose d'incroyable la nuit dernière. Le vent a fait un tour de cadran complet, au moment où il a basculé de l'ouest au sud-ouest. C'était totalement inattendu, impossible à anticiper. Hier soir, j'ai renvoyé la grand-voile au troisième ris par 35 nœuds de vent environ. Et à l'aube, j'avais gardé ces trois ris, parce que j'attendais 40 nœuds : eh bien, j'en ai eu 3 ! Je ne savais pas quoi faire – cet épisode n'était pas annoncé et je pensais que si je renvoyais toute la grand-voile et que nous prenions les 40 nœuds prévus, nous serions très très mal. Mais à la fin, je n'en pouvais plus

d'attendre et il fallait bien remettre de la toile. Quel soulagement de tourner le coin ! Mais l'affaire m'a encore plus épuisée. Je ne dois pas être loin de douze changements de voiles en douze heures. Je suis vidée. Mais je n'avais pas le choix. Soit nous restions dans le trou de vent, soit nous manœuvrions pour nous tirer de là… Je suis une loque. Je n'attends pas de miracle, juste un peu plus de stabilité…

Aujourd'hui, un bateau de guerre de la Royal Navy – le HMS *Gloucester* – nous a escortés pendant trois heures. Formidable ! Une Hercules venue des Malouines et l'hélicoptère du *Gloucester* nous ont rejoints et, deux heures plus tard, deux Tornado nous ont survolés et nous ont fait un ballet aérien ! Fantastique ! C'était génial de voir des gens, même aux jumelles. Ça faisait longtemps que ça ne m'était pas arrivé, et c'était extra de penser que ces gens avaient fait l'effort de venir par ici, juste pour me voir passer. J'en suis bouleversée.

On a doublé les Malouines et c'était très émouvant. Il y a à peine un an, nous avons passé des moments super ici. C'est d'ailleurs bizarre de ne pas s'arrêter, quand vous savez ça. Mais il faut continuer, cap sur la maison !

QUARANTE-HUITIÈME JOUR
14/01/05
4 jours 18 heures 4 minutes d'avance
385 milles au large de l'Argentine

Ce n'est pas la meilleure journée de la tentative, aujourd'hui. Le vent est très faible alors qu'une dépression est toute proche. Je dois changer de voiles une ou deux fois par heure pour continuer à avancer. Et ce qui s'annonce pour les prochains jours n'est pas génial non plus. Ce soir, on va retrouver des conditions affreuses, le vent va tourner au sud-ouest ce qui devrait nous permettre d'aller vite pendant un certain temps, mais ensuite, nous allons rejoindre une dorsale anticyclonique qui va littéralement nous avaler ! Nous serons contraints de monter au près jusqu'à l'équateur et le tronçon cap Horn-équateur promet d'être plutôt médiocre. Quand je pense qu'il y a tout juste quarante-six heures, nous étions au Horn dans un vent à décorner les bœufs et des rafales à 50 nœuds et que maintenant il fait presque chaud, le soleil brille et il n'y a plus de vent ! J'ai décidé de profiter de ce calme pour effectuer des travaux. J'ai écopé les fonds du bateau, réparé un robinet qui fuyait et resserré la barre, du coup je peux barrer sans la sentir se tordre dans ses mâchoires.

Il m'est arrivé quelque chose d'incroyable ce matin. J'étais dans le mât en train de travailler sur l'Active Echo (l'émetteur de signature radar), et en levant les yeux, j'ai vu un albatros énorme, le plus grand que j'ai jamais vu dans ce tour du monde, et il volait juste à côté de moi. Il a fait le tour du bateau ; et comme il n'y avait pas de vent, il battait des ailes – ce qu'on voit très rarement. Il était superbe, immense, magnifique et plein de grâce. Il devait bien faire 2,50 mètres d'envergure ! C'était comme s'il était venu nous dire adieu de la part des Quarantièmes.

Le point d'attache du génois est sorti de l'emmagasineur, il s'est mis à battre et m'a frappée au front : c'était la pagaille, il y avait du sang partout et j'ai un beau coquard

QUARANTE-NEUVIÈME JOUR
15/01/05
4 jours 5 heures 24 minutes d'avance
525 milles au nord-nord-est des Malouines

Quatre heures durant, le vent s'est maintenu à 20 nœuds, et il y a deux heures et demie environ, il a fraîchi jusqu'à 24 nœuds. J'ai l'impression que le bateau va se casser en mille morceaux – toutes les trois ou quatre vagues, nous cognons durement. Le bateau fait du rodéo, la drisse de grand-voile grince, tout craque, les bastaques rendent et je ne peux rien y faire. J'ai tenté de ralentir, d'accélérer, j'ai tout essayé, mais en vain : des montagnes d'eau se précipitent sur nous, générées par une dépression qui stagne droit devant. Vous franchissez trois vagues, vous fermez les yeux en espérant que ça va passer, et à la quatrième : BAM ! Je suis sûre que quelque chose va casser. J'ai essayé de dormir, puis je me suis décidée à tenter de prendre un ris – c'est la règle en général par 22 nœuds de vent au portant. Donc j'ai pris ce ris, mais depuis, le vent ne dépasse plus 20 nœuds et nous marchons à 15 nœuds. C'est frustrant parce que nous devrions aller plus vite et tenir les 18 nœuds sous grand-voile haute. Mais non. Il faut franchir cette dorsale, ce n'est pas comme s'il n'y avait rien devant nous. Le fait est qu'il y a cette barrière et elle ne fera que grossir dans les heures qui viennent. On a déjà perdu 15 milles, ce n'est pas rien.

Pour couronner le tout, le point d'attache du génois est sorti de l'emmagasineur, il s'est mis à battre et m'a frappée au front : c'était la pagaille, il y avait du sang partout et j'ai un beau coquard. J'ai tenté d'appliquer un pansement, mais je suis complètement en sueur : impossible donc de le faire adhérer. Et comme je dois faire tourner le générateur dans quelques minutes, ça ne va pas s'arranger.

CINQUANTIÈME JOUR 16/01/05
3 jours 22 heures 33 minutes d'avance
500 milles dans le sud-est de Buenos Aires

« **Sujet : où suis-je en ce moment…**

C'est le matin, par ici, et je sens que j'ai nettement plus figure humaine que tous ces derniers temps. La nuit dernière, après l'épisode empannage et prise du troisième ris d'hier, le bateau s'est retrouvé pour la première fois en configuration de sécurité pendant quelques heures. Le vent promettait de faiblir, les rafales à 40 nœuds de s'estomper et la mer infernale de se calmer…

Ces derniers jours m'ont imposé plus qu'une épreuve, ils m'ont forcée encore une fois à puiser au plus profond de mes ressources pour trouver la force de continuer à avancer sans prendre de risques. Depuis le cap Horn, qu'il me semble avoir doublé il y a des semaines, je n'ai eu que des conditions terriblement changeantes. Nous nous sommes retrouvés plusieurs fois tout dessus, excepté le gennaker, avec la grand-voile haute. Hier, j'étais plus fatiguée que jamais tandis que les conditions n'ont cessé de se dégrader toute la journée. J'étais complètement courbatue, après tous ces efforts, j'avais les articulations douloureuses, et avec ma bosse sur le front, je me sentais vidée. J'ai essayé de toutes mes forces de me reposer, mais quand les conditions météo sont aussi capricieuses et quand la sécurité du bateau est menacée, il est quasi impossible de déconnecter. Débrancher son cerveau n'est pas du tout évident. Même si vous êtes physiquement épuisée, votre esprit refuse de se laisser aller… et alors que des tâches comme manger, boire, charger les batteries ou lover des cordages deviennent parfaitement mécaniques, le sommeil ne vient pas automatiquement. On a traversé des moments horribles – le vent qui fraîchit, la mer qui se creuse terriblement, et l'obligation de gagner dans l'est – mais la mer nous repoussait dans l'ouest. *Castorama* souffrait et moi aussi. J'ai préparé un déjeuner, même s'il était 14 heures, après un empannage stressant par 35 nœuds de vent au milieu des vagues qui se brisaient sur le bateau (elles ont arraché le filet de protection tribord !). Je me suis jetée dans ma couchette après avoir enfilé un maillot tout propre et je me suis dit : « Bon, au moins, tu as mangé. Alors maintenant, dodo. » C'est là que j'ai réalisé que je n'arrivais pas à me rappeler quand j'avais déjeuné. J'ai regardé la cuisine et j'ai découvert mon repas intact et complètement froid. Je l'ai quand même avalé sur le champ avec des boissons énergétiques. Ça vous montre à quel point j'étais épuisée. Pourtant, la nuit dernière, grâce à une courte pause du mauvais temps, j'ai pu dormir un peu. Combien de temps je ne saurais le dire, mais je m'y suis forcée. Je me suis étendue sans bouger – c'était la seule façon – et je me sens réellement mieux, aujourd'hui. Je ne suis pas encore à 100 %, mais ça va mieux. Je suis impatiente d'empanner, de m'extraire de ces vagues horribles et de mettre à nouveau cap au NORD ! »

e x

CINQUANTE ET UNIÈME JOUR
17/01/05
3 jours 22 heures 33 minutes d'avance
600 milles à l'est de Punta del Este

Il faut que je gagne dans le nord, mais je suis collée ici, à 1 nœud, depuis une éternité, semble-t-il. Le bateau tourne sur lui-même une fois de plus ; j'espère simplement que la brise va continuer de basculer pour nous permettre de faire du nord et de ficher le camp d'ici. Avec 2 ou 3 nœuds de vent à peine, il est impossible de faire route. Dès que nous aurons touché les vents de nord-est, nous aurons une brise d'environ 20 nœuds, ce qui nous laissera deux heures pour rouler le Code 0, envoyer le génois, puis passer du génois au solent, bref, guère de temps pour se reposer. Au milieu de l'anticyclone, la brise tourbillonne, mais nous n'en sommes pas encore là. Le générateur de secours est en ébullition et à l'intérieur, la température est insupportable. Je veux

juste sortir de cette situation et reprendre ma progression. J'ai toujours beaucoup de mal à dormir. Tout le monde me dit que je dois dormir, mais ça, je le sais déjà. Je sais que je suis crevée, mais quand les conditions de vent et de mer sont aussi difficiles, il est presque impossible de trouver le sommeil. Et quand vous y parvenez, ce n'est jamais suffisant. Ça m'a quand même fait du bien de récupérer un peu, au cours de ces six dernières heures, parce que maintenant, il y a plusieurs obstacles devant nous. Nous nous rapprochons des côtes uruguayennes, où il faut s'attendre à des vents faibles. En ce moment, nous avons encore 15 à 16 nœuds de vent, mais ça va baisser dans les prochaines heures jusqu'au calme total. Il y a aussi une dorsale qu'on va traverser au cours des heures qui viennent. En principe, il y aura du vent de part et d'autre, mais rien au milieu. Et vingt heures plus tard, nous entrerons dans un front résiduel et une nouvelle dépression se creusera derrière. Et il y a aussi cette dépression qui traverse l'Atlantique sud, avec des orages et Dieu sait quoi derrière. Donc, l'objectif c'est d'essayer de se placer derrière celle-là, pour toucher le vent de l'autre côté, ce qui nous donnerait potentiellement 25 à 30 nœuds au près serré : une nouvelle épreuve, sans aucun doute.

CINQUANTE-DEUXIÈME JOUR
18/01/05
3 jours 18 heures d'avance
700 milles à l'est de Punta del Este

Journée difficile, hier, nuit *idem* et aujourd'hui ne s'annonce pas mieux. Nous avons traversé la dorsale et ça nous a pris des heures, parce que nous sommes restés encalminés un bon moment, et maintenant, devant nous, un front en décomposition nous envoie des vents extrêmement variables. Je me bagarre pour passer au nord de ce truc-là, mais comme on a les vagues de face, le bateau tape méchamment. Si tout va bien, nous réussirons à passer de l'autre côté de ce front pour attaquer les alizés au près serré, et nous recommencerons à progresser correctement vers le nord.

Physiquement, je commence à me sentir un peu mieux qu'il y a quatre jours, mais dans le fond, je suis toujours crevée. Depuis le passage du Horn dans ce temps épouvantable, les vents n'ont cessé de varier en direction et en force et j'ai dû réduire et renvoyer un nombre incalculable de fois. Il n'y a rien d'autre à faire que de s'accrocher et d'avancer, encore et encore. Tout ça n'a pas été très drôle, et je suis impatiente de retrouver des conditions relativement stables. En tout cas, ces journées ont compté parmi les plus dures du voyage. Tant d'obstacles d'affilée à franchir, comme ce fut le cas depuis le Horn, constituent une rude épreuve.

Aussi m'efforcé-je de prendre chaque heure, chaque jour comme il se présente – car parfois, mieux vaut ne pas trop penser à l'ensemble de la tentative. Aucun doute possible : nous ralentissons. Et aucun doute possible, nous perdons de notre avance. Il faut juste que nous sortions de là et que nous passions de l'autre côté de ce front. Inutile de penser à quoi que ce soit d'autre. Pour le moment.

CINQUANTE-TROISIÈME JOUR
19/01/05
3 jours 4 heures d'avance
720 milles à l'est de Porto Alegre, Brésil

L'Atlantique sud n'a vraiment pas été sympa avec nous. Rien n'a été simple depuis le cap Horn. On dirait que nous poursuivons un front qui s'éloigne, ce qui ne nous mène nulle part. C'est un défi vraiment rude, qui ne nous laisse guère de répit. Le bateau n'est jamais stable, même quand il n'y a pas de vent. Il faut toujours qu'il tape et rebondisse.

Au cap Horn, le record semblait réellement à portée de main, mais chaque jour qui passe, il semble maintenant nous échapper. Tous ces efforts, toute cette dépense d'énergie apparem- ment pour rien ! Vingt-quatre heures de bataille pour passer de l'autre côté d'un truc qui se déplace à la même vitesse que nous, c'est-à-dire très lente- ment… Il nous faut du vent pour franchir cette bar- rière nuageuse, mais le vent est justement derrière elle. On dirait que c'est impossible, que nous allons rester dans ce piège pendant des semaines, chan- geant en permanence de cap et de réglages pour tenter de nous adapter à ces nuages imprévisibles. Mais je ne vais pas lâcher. J'ai tout donné, je me sens vidée, mais je vais bien trouver un reste d'énergie pour franchir les 5 000 derniers milles

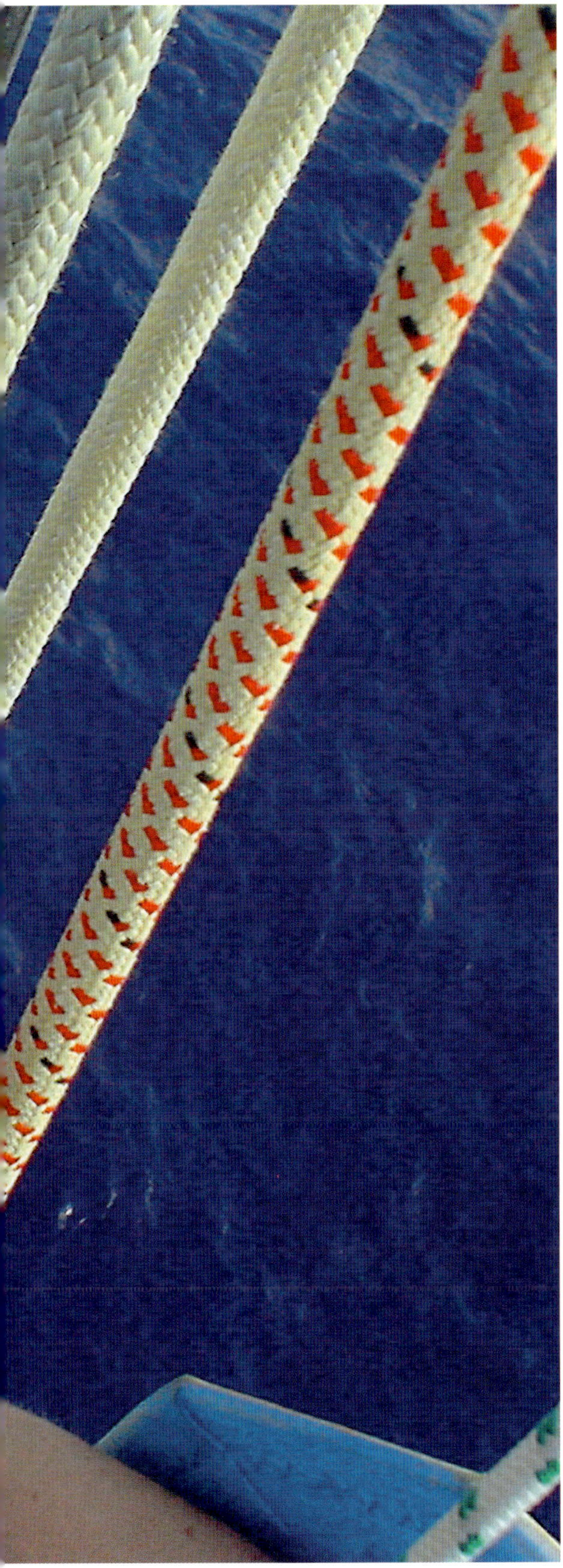

211

CINQUANTE-QUATRIÈME JOUR
20/01/05
2 jours 4 heures d'avance
890 milles à l'est-nord-est de Porto Alegre, Brésil

Même si le front nous a imposé une sacrée bagarre, ce matin, il est devenu le cadet de mes soucis. Mon moral s'est effondré. On a eu un sérieux ennui avec le chariot de têtière de grand-voile. J'ai descendu la grand-voile, mais j'ai dû monter en tête de mât pour évaluer les dégâts à hauteur de chaque ris, là où le chariot s'est arraché et a endommagé le rail de grand-voile. La pièce s'est brisée à l'aube, ce matin – les aiguilles de roulement ont sauté et le chariot s'est arraché. Je pense que l'ensemble a commencé à casser cette nuit. Bref, je suis donc montée au mât à deux reprises, la première à la hauteur du deuxième ris, et la seconde à la hauteur du premier, qui n'est pas très éloigné de la tête de mât, et c'est très long de grimper jusque-là. J'étais nouée avant même d'attaquer l'escalade. Les conditions étaient épouvantables, mais je n'avais pas le loisir d'y songer, parce qu'il fallait réparer et le record m'imposait de le faire le plus vite possible. Physiquement, c'était très très dur. La mer n'était pas plate du tout, il y avait 20 nœuds de vent, et dans ces conditions, les mouvements en tête de mât sont terriblement amplifiés. Je me suis donc retrouvée projetée contre le mât un nombre incalculable de fois et j'essayais en vain d'empêcher ma tête, mes coudes et mes jambes de heurter le gréement. Et bien entendu, dans ces cas-là, vous échouez. C'est impossible à réaliser parce que vous vous balancez à 30 mètres de haut. Les dégâts à la hauteur du premier ris n'étaient pas trop graves, contrairement à ceux du deuxième ris. À ce niveau, le rail était très abîmé et entaillé. Je me suis coupé le pouce, là-haut, et je n'ai pas pu m'empêcher de ricaner quand j'ai vu le sang couler, en songeant que les toubibs me conseilleraient de le tenir en l'air : le tenir à 30 mètres de haut, je ne pouvais pas faire mieux !

Incroyable, tout ce que j'ai enduré depuis deux semaines. Je suis cuite. Et pour couronner le tout, ce matin, après avoir découvert le problème du mât, un autre navire de la Navy, le HMS *Endurance*, m'a croisée, cap au sud. Ce qui m'a laissé des sentiments mitigés : une immense émotion, en découvrant tout l'équipage sur le pont qui me faisait des signes et qui criait des encouragements ; mais une sorte de désespoir, à peine avaient-ils disparu, en songeant que le record était menacé. Mais maintenant, le boulot est fait et c'est une profonde satisfaction, ce soir, de savoir que nous pouvons renvoyer toute la grand-voile, si besoin est. Je suis absolument cuite. Mais c'est fait et nous progressons de nouveau. En un sens, ce qui s'est passé est une bénédiction. Ça m'a permis de réaliser que quel que soit le retard que nous prenions sur le record, tant que le bateau et moi sommes intacts, il reste toujours une chance de se battre.

CINQUANTE-CINQUIÈME JOUR
21/01/05
1 jour 20 heures d'avance
770 milles à l'est-sud-est de Santos, Brésil

Je me sens brisée, j'ai mal partout, je suis toute raide et je me déplace avec la vitesse et l'élégance d'un robot arthritique ! J'ai des bleus énormes sur les jambes, à l'endroit où elles ont été coincées entre le mât et la voile. On dirait que chacun de mes muscles a subi une déchirure. Je suis contente d'être remontée dans le mât hier. Aujourd'hui, je n'y serais pas parvenue, j'en aurais été incapable. C'était la seule chose à faire que d'y regrimper hier soir et de me débarrasser de cette corvée tant que j'avais encore un peu de jus. Je suis ravie d'avoir pu faire cette réparation et d'avoir pu reprendre la lutte contre le record sans avoir perdu trop de milles. Le rail de mât est maintenant correctement réparé. Le chariot de têtière peut circuler du haut en bas. Ce

n'est pas parfait, il y a encore un risque quand je prends le deuxième ris, comme en ce moment. Mais il faut que je m'y fasse, je n'y peux plus grand-chose. Il faut tenir, faire de son mieux et espérer que ça ne va pas lâcher à nouveau. C'était juste une grosse épreuve, et je serai absolument ravie de passer l'équateur.

Nous allons perdre encore de notre avance au cours des prochaines vingt-quatre heures, plutôt des prochaines trente-six heures, c'est inéluctable, à cause des vents faibles qui nous attendent. J'étais sur le pont, un peu plus tôt, et j'ai crié au ciel que j'étais incapable de faire un nouveau changement de voiles. On est au louvoyage, l'allure la plus lente. C'est loin d'être idéal et personne n'aime le près, parce qu'on se traîne. Mais hélas, c'est tout ce qui nous reste. On va de nouveau droit vers une nouvelle dorsale – et ce sera très lent, très douloureux, très chaud et très frustrant. C'est seulement quand nous aurons traversé cette dorsale que nous atteindrons les alizés et théoriquement, nous trouverons des vents bien plus réguliers que ceux que nous subissons depuis seize jours.

Nous arriverons à l'équateur en très mauvaise posture, parce que demain nous aurons encore des vents très faibles. Et pourtant, je crois encore que nous pouvons battre ce record. Sinon, j'irais directement au Brésil, dès maintenant ! Jusqu'à la dernière seconde, jusqu'à ce que le temps soit écoulé, nous pouvons encore le battre.

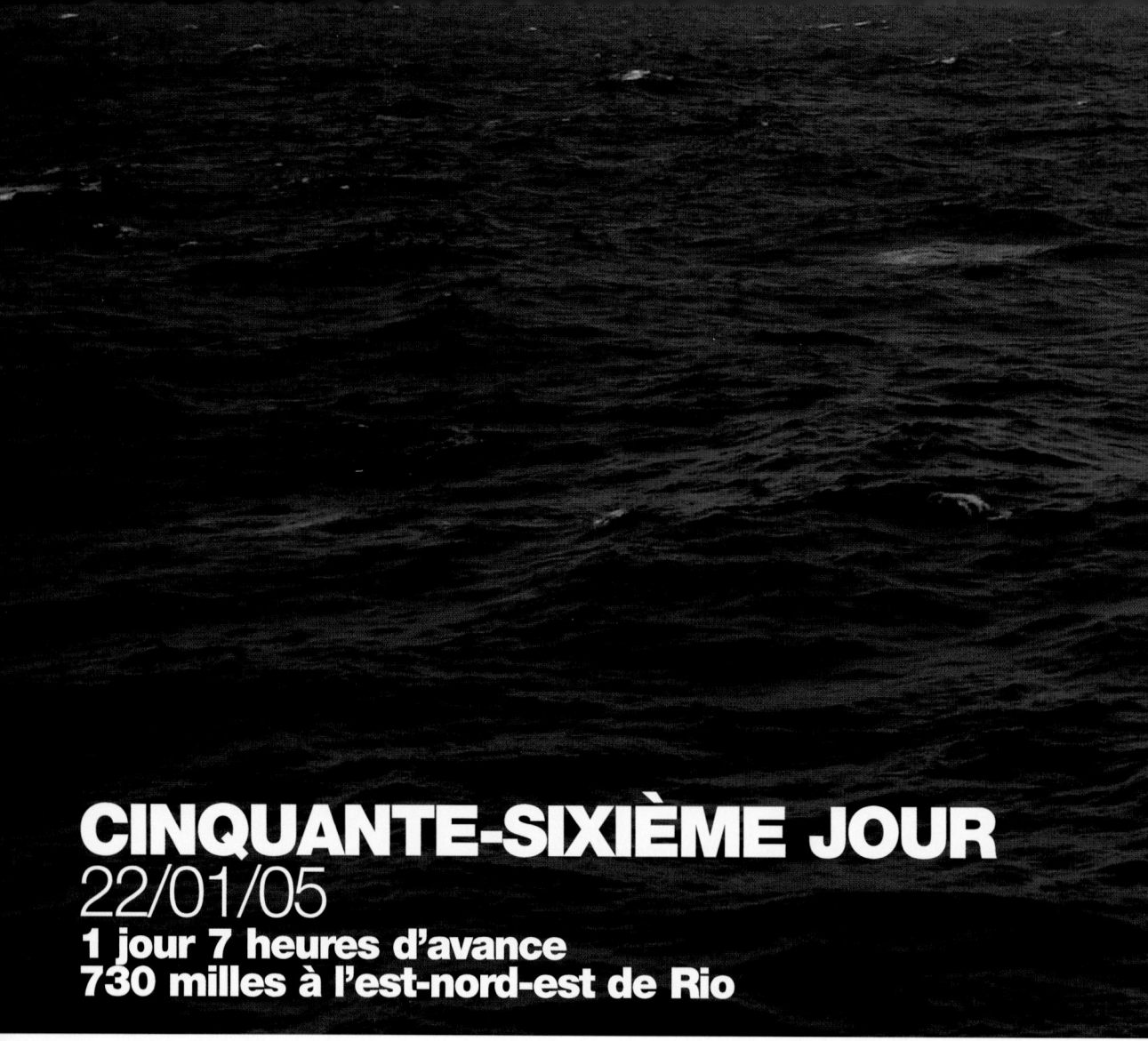

CINQUANTE-SIXIÈME JOUR
22/01/05
1 jour 7 heures d'avance
730 milles à l'est-nord-est de Rio

L'Atlantique sud s'est révélé absolument impitoyable avec nous, bien pire que tout ce que j'ai connu, en particulier par son caractère totalement imprévisible. Francis n'a pas été gâté dans sa remontée, mais ce n'était rien par rapport à ce qu'on a connu. Nous avions quatre jours d'avance sur lui au Horn, et ce sera un miracle si nous passons l'équateur devant lui. Ce qui montre bien à quel point l'Atlantique sud a été sans pitié. Depuis le cap Horn, la seule chose que j'ai essayé de trouver, c'est une période de douze ou vingt-quatre heures de vents stables, juste histoire de me permettre de récupérer, mais elle n'est jamais venue. Je n'ai pas eu un seul jour de temps correct. Rien. On a énormément manœuvré, j'ai renvoyé et réduit la grand-voile des dizaines de fois depuis le Horn probablement plus que durant la totalité des Quarantièmes –, et c'est un boulot de chien. Un boulot exténuant, que le problème du rail de mât n'a pas arrangé. L'horreur.

Quel soulagement ce sera de toucher les alizés, de trouver une brise qui nous permettra d'avancer relativement vite ! Mais auparavant, il y a encore l'équateur et le Pot-au-Noir à traverser, et soit tout se passera bien, soit nous resterons collés là. Comment savoir ? Espérons seulement que nous aurons moins de problèmes en Atlantique nord qu'en Atlantique sud. Pour l'instant, nous faisons cap à l'est-nord-est vers le centre d'un anticyclone. Il faut que nous montions vers le nord, parce que le Nord signifie l'arrivée. Mais je m'inquiète un peu de la présence de l'île

Trindade, qui se trouve approximativement à 75 milles au nord de notre position. Si nous virons maintenant cap au nord, il nous faudra revirer, mais comme nous serons beaucoup plus près de l'île, je crains le cône de déventement derrière son sommet.

La nuit dernière, j'ai passé au moins deux heures sur le pont parce qu'il y avait pas mal de cargos, et je ne voulais pas aller me coucher au milieu de tous ces bateaux. Mais j'ai quand même dormi, et je me suis même débrouillée pour effectuer un certain nombre de travaux ce matin. Du coup, j'ai au moins l'impression que tout est sous contrôle.

En ce moment, j'ai mal partout, je suis complètement crevée mais en même temps un peu soulagée, car ces vents légers et cette mer calme me permettent de récupérer un peu. Là, il y a 7 nœuds de vent, ce qui est génial, mais ça ne va pas durer, ça va même se dégrader. Je me sens complètement à plat tellement la bagarre a été rude depuis le Horn. Et maintenant, je vais subir trois jours à peu près sans vent. Autant dire qu'on va se perdre ce qui nous reste d'avance. Mais je continue à me battre car cette tentative ne doit rien au hasard. Cela fait bien longtemps que j'ai ce projet en tête, en comptant le temps de construction du bateau ; ce n'est pas une idée qui m'est venue le jour où j'ai quitté Falmouth. Quelle que soit la difficulté de ce tour du monde, c'est cette conviction qui m'empêche de me laisser aller. Cette quête du record, aujourd'hui plus que jamais, constitue le cœur de tous nos efforts.

CINQUANTE-SEPTIÈME JOUR
23/01/05
13 heures d'avance
1 270 milles au sud de l'équateur

Nos cinq jours d'avance se sont réduits à moins d'une journée, mais pas question d'abandonner sous prétexte que nous traversons une période de calmes. Je crois qu'à l'équateur, nous serons assez en retard sur Francis. Mais aujourd'hui, il nous reste deux semaines avant d'arriver au terme du compte à rebours. L'Atlantique sud a été décourageant. Nous avons perdu quatre jours sur Francis, alors qu'il avait été lui-même très ralenti à cet endroit. Mais il reste l'Atlantique nord et, si tout va bien, encore une chance de battre le record. Si la météo est contre nous, c'est fichu. En ce moment, la mer est plate, je crois que je ne l'ai jamais vue aussi tranquille. Il n'y a pas une vague. Juste quelques rides quand une risée passe et sur tribord, je vois l'île Trindade. Avec un peu de chance, nous allons réussir à la doubler en la laissant sur tribord. Il faudra peut-être virer pour l'éviter, mais pour l'instant, elle est encore à 30 milles d'ici.

Il me semble que j'ai trouvé une sorte de paix intérieure ce soir, et même si la journée a été très chaude et assez peu reposante, je me sens étrangement bien

« Parfois, vous ressentez le besoin d'écrire, sans bien savoir pourquoi… C'est le cas en ce moment. Le soleil s'est couché il y a quelques heures sur une mer incroyablement calme… C'est très bizarre de sentir *Castorama* immobile, sans vagues pour le chahuter, sans que chacun de ses mouvements ne lui soit infligé par la mer. Et maintenant nous flottons sur un tapis légèrement froissé, à peine ondulé, qui s'étend sur des milliers de milles. Il me semble que j'ai trouvé une sorte de paix intérieure ce soir, et même si la journée a été très chaude et assez peu reposante, je me sens étrangement bien. La météo ne pourrait pas être pire pour le record : tandis que j'écris, nous avançons à 4 nœuds. Mais c'est comme ça, personne ne peut changer le temps qu'il fait. C'est vrai, l'Atlantique sud a été impitoyable. On n'aurait pu trouver de conditions plus insaisissables ou plus mauvaises. Mais il faut se répéter que nous sommes arrivés jusqu'ici. Mieux vaut oublier les quatre jours d'avance au Horn et prendre chaque jour comme il vient. Faire de mon mieux, et advienne que pourra. Je me suis battue, j'ai donné tout ce dont j'étais capable, je vais continuer comme ça et à la fin, on verra bien le résultat… Ni larmes, ni frustration, ni stress… facile à dire. Mais ce soir, je sens que je maîtrise, et c'est un état d'esprit bien plus positif que celui de ces dernières semaines. Je crois que venir à bout des travaux nécessaires me donne le moral. Et aujourd'hui, j'ai bricolé en dépit de la chaleur écrasante. De toute façon, il faisait trop chaud pour dormir. J'ai raccordé les deux extrémités du câble de prise de terre de l'Active Echo, vérifié les paliers du safran, changé quelques protections dans le mât, enlevé la partie endommagée du filet de protection bâbord, vérifié tous les joints de capots de flotteurs, resserré les poignées de fermeture, recollé à l'époxy la cadène d'amure du solent et mastiqué le pont aux endroits où les claquements de la voile l'ont abîmé. Vérifié les niveaux de gazole – tous nickel- vous savez, l'entretien ordinaire du dimanche, en somme ! Bref, une bonne journée de travaux manuels. Reste que le vent fait n'importe quoi et que je suis tétanisée à l'idée qu'il va s'ingénier à me torturer avec la question du choix de la bonne combinaison de voilure. C'est un vent aussi léger que variable, qui souffle à 90 degrés de la direction annoncée. La routine, en somme, et de nouvelles épreuves en perspective. J'arrête là ce mail, écrit dans une cabine bien humide… »

CINQUANTE-HUITIÈME JOUR
24/01/05
0 heure d'avance
650 milles au sud-est du Salvador

Ça y est ! Nous avons fini par perdre toute notre avance. Je m'accroche. J'essaye de garder à l'esprit qu'il ne reste que deux semaines et que, si nous ne sommes pas arrivés dans ce délai, plus rien n'aura d'importance. C'est ce que je me répète, tout en m'efforçant de faire attention à moi. Je suis incroyablement fatiguée, totalement vidée et j'ai pas mal de bleus. Je suis remontée dans le mât, ce matin, pour vérifier le gréement et je suis assez cabossée.

C'est comme si une nouvelle course recommençait chaque jour. Où que vous vous situiez, en avance ou en retard, il faut rester concentrée sur chaque journée. C'est ce que j'ai fait tout au long de ce record, même quand nous avions cinq jours d'avance. Et je suis vraiment contente de n'avoir cessé de marcher aussi fort, même quand j'avais cette marge, sinon, aujourd'hui, nous aurions un drôle de retard sur le record. Ce qui signifie que pour moi, chaque jour est un jour nouveau. Et que le record demeure complètement à notre portée : je ne vais pas perdre ça de vue. Ça fait plus de cinquante jours que je suis en mer et ce n'est vraiment pas le moment de baisser les bras et d'abandonner. Hors de question. Nous sommes à égalité avec Francis, pas trois ou cinq jours derrière lui. Mais notre seule chance demeure que la météo nous soit favorable.

Je m'efforce de positiver, même si c'est horriblement difficile. On dirait que tout s'est ligué contre nous. Et c'est dur à avaler : nous avons perdu toute notre avance à un stade où nous aurions dû creuser encore l'écart sur Francis. Mais qu'y faire ? Je ne peux que donner tout ce que j'ai, pas plus. C'est pourquoi j'ai essayé de m'occuper avec tous ces travaux de maintenance, et de faire en sorte que tout fonctionne. C'est formidable, l'ampleur du soutien que les gens m'envoient. Ces gens qui écrivent sur Internet qu'ils prient pour que les vents me soient favorables. C'est absolument incroyable. Et si jamais j'avais besoin d'une raison de ne pas abandonner, elle serait là, dans le nombre de gens qui nous soutiennent. Je ne me sens pas seule du tout, ici ; une foule de gens nous encourage. La situation pourrait être bien bien pire.

Et si jamais j'avais besoin d'une raison de ne pas abandonner, elle serait là, dans le nombre de gens qui nous soutiennent. Je ne me sens pas seule du tout, ici ; une foule de gens nous encourage

« Tout est calme dehors, nous venons de passer à nouveau vingt-quatre heures sur cette mer incroyablement paisible… Étrange sensation de se trouver là tandis que le chrono tourne, tout en se sentant totalement impuissante et incapable de faire la différence. Le vent est faible ici, et c'est comme ça… On tâche de gagner le plus possible dans le vent, c'est le mieux que l'on puisse faire pour l'instant… L'océan est superbe, absolument superbe, et profiter de ces calmes pour attraper un peu de repos et récupérer m'a fait un bien fou, avant les deux dernières semaines qui, j'en suis sûre, seront tendues, stressantes et plus que ventées. *Castorama* est aussi paré que possible. J'ai tout vérifié et revérifié et je suis certaine qu'on ne peut faire plus… Moi, ça va : je crois que je me suis plutôt bien débrouillée pour décompresser et me retrouver après ces semaines de quasi-épuisement… C'est le côté positif de ces derniers jours… Difficile de réaliser que nous sommes en mer depuis près de soixante jours, que Noël et le Jour de l'An sont passés… C'est comme si j'avais largué les amarres à Falmouth hier, au milieu de tous ces bateaux qui m'ont adressé un fantastique adieu…

D'un autre côté, on dirait que la vie à bord est devenue la vie tout court et que la réadaptation à une autre vie – « la » vie – ne sera pas évidente… Mais bon, il reste encore deux semaines, donc la vie d'ici continue…

Par certains côtés, je suis vraiment impatiente de finir, de revoir tout le monde, tous ceux dont je suis séparée depuis près de deux mois. Mais je crois que le principal, d'ici à l'arrivée, c'est de me débarrasser des inquiétudes, de la pression et de la tension physiques et mentales actuelles. Ce qui me mine, c'est le fait de ne pas savoir comment nous allons terminer cette course ni si nous allons battre le record… Si vous faites abstraction du record, cette affaire devient un tour du monde ordinaire. Réintroduisez le record et elle redevient une course très dure, une course contre la montre, cet ennemi invisible… mais surtout une course contre moi-même et mes propres facultés… »

Exx

CINQUANTE-NEUVIÈME JOUR
25/01/05
10 heures de retard
600 milles à l'est-sud-est de Salvador

C'est pas possible ! Jamais, au grand jamais, je n'ai navigué dans de pareilles conditions. Jamais. Jamais je n'ai rencontré quatre jours de néant – c'est juste un espace immense, infini et noir, avec de temps à autre un soupir de vent. Quel contraste avec ce que j'ai vécu ces deux derniers mois ! C'est stupéfiant. On ne pourrait rêver plus bel endroit pour naviguer. Avec ces 8 nœuds de vent, le bateau glisse à 9 nœuds, la lune est superbe, c'est la plus belle que j'ai jamais vue. Incroyable ! Vous n'imaginez même pas vivre de tels instants, avec ce ciel parfaitement pur, cette mer calme, et cette énorme lune blanche qui se lève et qui est si brillante qu'elle illumine tout l'océan. Simplement, le timing de cette tranquillité n'est pas idéal et il faut que je me force pour en profiter.

C'est l'inconnu qui est minant. En ce moment, nous nous traînons. Et les prévisions ne nous donnent aucune accélération en perspective, donc on ignore ce qui va se passer. Il y a un énorme point d'interrogation : à quelle vitesse allons-nous atteindre l'équateur ? Plus nous y arriverons vite, meilleur sera le passage de l'autre côté. Plus nous y arriverons lentement, plus ce passage sera mauvais. Tout n'est que question. Alors, on ne cesse de se ronger : va-t-on rester planté dans le Pot-au-Noir pendant trente-six heures ? Que nous réserve l'hémisphère Nord ? Qu'est-ce qui va casser ? Qu'est-ce qui va tomber en panne ? Est-ce qu'on va se sortir du Pot-au-Noir ? Est-ce qu'on va s'enterrer dans l'anticyclone ? Impossible de savoir comment ça va tourner... Toutes ces questions lancinantes dansent dans votre tête 24 heures sur 24.

Je crois que je ne prends pas tout ça trop mal, j'essaie de rester philosophe, et un peu de sommeil ne nuit pas pour y parvenir. On approche de l'arrivée et il ne me reste qu'à donner tout ce que j'ai jusque-là. Je dois me forcer à penser qu'on rentre à la maison. Mais pour l'instant, nous sommes encore à trois jours de l'équateur. Je me répète sans cesse que ce n'est pas fini. Une seule seconde de mieux nous suffit pour battre le record.

J'ai tout donné pour cette tentative : mon cœur, mon corps, mon âme, ma chair et mon sang. Tout. Je n'ai jamais attaqué comme ça, aussi fort. Jamais je ne me suis autant défoncée. Jamais je n'ai été aussi près de la rupture pendant si longtemps. Jamais. Jamais. Quel enfer ! Il a vraiment fallu que je me sorte les tripes. Et ce n'est pas fini. On n'y est pas encore. Je commencerai à me sentir mieux quand nous serons sortis du Pot-au-Noir. C'est un four ici. Je serai heureuse de retrouver l'hémisphère Nord et un peu de fraîcheur. Quoi qu'il arrive, au moins il devrait faire meilleur. Le quotidien devrait être plus supportable. Nous devrions bientôt toucher les alizés de nord-est, et même s'ils ne sont pas très puissants, nous devrions aller relativement vite.

SOIXANTIÈME JOUR
26/01/05
6 heures d'avance
À 640 milles de l'équateur

Nuit à fond et du coup, je suis nerveuse et tendue en ce moment. Le temps était très instable et les mouvements du bateau, au près serré, étaient épouvantables : très brutaux et très inconfortables. Il y a 23 nœuds de vent et je fais du près pour rester au cap. Il y a beaucoup de nuages par ici, et j'ai été contrainte d'éviter un bateau de pêche. À l'instant, le vent a un peu faibli et la mer est un peu meilleure, mais ça n'arrête pas de mollir et de fraîchir. J'ai la bonne voilure pour le moment, j'ai largué le premier ris ce matin et nous marchons bien. On va bientôt arriver dans le sud

d'une dépression et les conditions vont devenir carrément inconfortables, sans espoir de répit.

Je veux à tout prix éviter de casser. Il y a un tas de nouveaux bruits, parce que ça fait longtemps que nous n'avons pas navigué à cette allure. C'est bizarre de découvrir tous ces craquements. J'ai tellement peur que quelque chose ne lâche. J'ai passé la moitié de la nuit sur le pont pour tenter de repérer d'où venaient ces bruits et à me ronger les sangs à propos de ce qui risquait de casser. Et il n'y a aucun doute : nous aurons des avaries et des casses d'ici à l'arrivée. Mais comme je n'ai aucune idée de l'endroit d'où ça va venir, je me concentre sur le bateau et sur moi-même, j'essaye de nous garder en un seul morceau et de rallier la Manche aussi vite que possible. C'est la dernière ligne droite et la pression monte. Il faut absolument que je déstresse, que je me détende un peu, mais c'est plutôt dur avec un Pot-au-Noir à franchir.

Il faudra absolument faire un cadeau à Neptune quand nous atteindrons l'équateur, et il faut que je réfléchisse à ce que j'ai de plus précieux à bord. Je suis sûre que ça deviendra évident quand j'en serai plus proche, mais il faudra que ce soit quelque chose de très important, parce que nous avons impérativement besoin de l'aide de Neptune pour la dernière partie du tour du monde.

SOIXANTE ET UNIÈME JOUR
27/01/05
1 jour 5 heures d'avance
Record en solitaire à l'équateur

Je me sens mieux aujourd'hui. Au moins nous avançons, Dieu merci. Nous avons de nouveau un jour et quelques d'avance, désormais. Voyons si nous parvenons à garder un peu de cette marge et à finir proprement. Il reste beaucoup de chemin à faire, encore des milliers de milles de mer. Ce n'est pas comme si l'arrivée était au prochain carrefour. Je serai ravie de passer dans l'hémisphère Nord. Le vent est régulier, en ce moment, il se pourrait donc bien que nous passions de l'autre côté vers minuit. Mais tout dépend de ce qui va se produire quand les alizés de sud-est vont rencontrer ceux de nord-est : le vent va-t-il s'évanouir ? Ensuite, il restera à franchir le Pot-au-Noir le plus

vite possible. Il se situe pour l'instant par 3 ou 4 degrés nord, et il faut le traverser le plus vite possible pour éviter de tomber dans le trou de vent qui grandit à cet endroit. Aussi, en ce moment, fais-je tout pour foncer à pleine vitesse vers le nord. Je passe par des moments de stress et de nervosité et d'autres où je me sens un peu mieux. Un fou est venu nous rendre visite, aujourd'hui. Il me semble que c'était un fou masqué. Ils vivent dans les environs de l'équateur, on dirait des fous de Bassan, en plus mince et avec une tête noire. Ils sont très indépendants et le guide des oiseaux précise qu'ordinairement, ils ne suivent pas les bateaux. Mais celui-là nous a accompagnés pendant trois

Il reste beaucoup de chemin à faire, encore des milliers de milles de mer. Ce n'est pas comme si l'arrivée était au prochain carrefour

heures. Il tournait autour de nous et il plongeait dans le sillage avant de s'élancer vers le gréement dont il s'approchait vraiment tout près. Ainsi, trois heures durant, ai-je eu mon fou domestique ! C'était un beau spécimen, superbe à observer.

SOIXANTE-DEUXIÈME JOUR
28/01/05
1 jour 13 heures d'avance
104 milles au nord de l'équateur

Nous avons coupé l'équateur la nuit dernière. Quel soulagement de passer la Ligne et de revenir dans l'hémisphère Nord ! Cette joie incroyable a duré des heures et maintenant, je suis de retour dans le monde réel : il faut faire du près dans la forte brise et tâcher de ramener le bateau intact au port. J'ai choisi mon cadeau à Neptune. Depuis quelque temps, je porte un petit pendentif porte-bonheur en argent. J'ai pensé que ça ferait l'affaire. Merci, Neptune, de nous avoir permis d'arriver jusqu'ici. Nous avons recoupé l'équateur. Espérons maintenant que nous allons rentrer avec le record.

Le vent était correct à l'équateur, et dans le Pot-au-Noir, nous ne sommes restés encalminés que quelques heures. En fait, hier soir tard, le Pot-au-Noir est descendu à notre rencontre et nous avons réussi à passer de l'autre côté. Ce matin, le vent est bien rentré. Il soufflait à 18 nœuds environ. Je ne sais pas d'où ce vent venait, mais c'est génial, parce qu'il s'avère qu'on est passé comme une lettre à la poste. À cet endroit, normalement, il devrait y avoir 80 % de chances de rester englués dans le Pot-au-Noir. Miraculeusement, un énorme banc de nuages, synonyme de tonnerre et d'éclairs, s'est littéralement évaporé devant nous.

Pour la suite, le plus gros obstacle reste cet anticyclone qui stagne au large de la Manche. Et c'est le déplacement de ces hautes pressions qui indiquera si le record est accessible ou non. S'il décide de nous avaler, de nous accompagner, ou pire, de stagner sur la ligne d'arrivée, nous serons en mauvaise posture. Mais imaginons que cette bulle veuille bien nous aider et se placer dans une position suffisamment favorable pour nous permettre de la traverser, ou mieux de la contourner par l'ouest, nous nous retrouverions en position très favorable. Aussi notre destin est-il entre les mains de cet anticyclone. Il nous reste encore 3 000 milles à faire. Un septième du tour du monde.

SOIXANTE-TROISIÈME JOUR
29/01/05
1 jour 10 heures d'avance
680 milles au sud-sud-ouest des îles du Cap-Vert

Nous approchons de la dernière ligne droite, désormais, et les ennuis vont commencer à coûter nettement plus cher. Tout indique que le final devrait être relativement rapide, mais tout dépend de cet anticyclone, et de la façon dont il va se déplacer quand nous nous en approcherons. Donc l'idée est de tenter de le contourner aussi vite que possible et de voir à quelle vitesse nous allons arriver à l'entrée de la Manche. Impossible de se relaxer, le bateau ne cesse de percuter les vagues. Dans cette mer, ses mouvements sont vraiment brutaux. J'ai tellement peur de casser quelque chose, mais je ne sais vraiment pas quoi faire. Je ne pense pas que le fait de ralentir change quoi que ce soit, et je n'ai pas du tout

envie de prendre le deuxième ris, parce que je n'ai pas confiance dans la solidité de son point d'accroche sur le rail de mât. J'ai exactement ce qu'il faut comme voiles, mais l'allure est plutôt stressante.

Il y a un craquement dans le mât qui m'inquiète, me je ne puis rien y faire. Le chariot de têtière est au meilleur endroit possible sur le rail de mât et, si ça doit lâcher, ça lâchera. Je crois que j'ai fait tout ce que je pouvais, je n'ai donc qu'à continuer à faire route et on verra bien. Évidemment, je pourrais descendre la grand-voile et la renvoyer au premier tiers du mât, juste par sécurité. Mais au deuxième ris, le problème n'est pas tant la force qui s'exerce sur le rail de mât que les chocs, quand nous percutons une lame. Chaque fois que nous tombons du haut d'une vague, le chariot de têtière de grand-voile reçoit une secousse, et chaque fois qu'il reçoit une secousse, il frotte et entame un peu plus le rail. La crainte que quelque chose lâche maintenant me ronge littéralement. J'ai vu une baleine aujourd'hui ! Elle était vraiment tout près du bateau, juste devant nous. On lui est passé dessus et je me suis raidie dans l'attente de la collision, tant elle était proche. En fait, elle est passée sous le flotteur tribord et elle a soufflé juste à ce moment-là, avant de ressortir. Je n'ai pas vu sa queue, mais je dirais qu'elle faisait au moins neuf mètres de long.

SOIXANTE-QUATRIÈME JOUR
30/01/05
**1 jour 12 heures d'avance
470 milles au sud-ouest de Fogo, îles du Cap-Vert**

J'ai heurté quelque chose, la nuit dernière. Je ne sais pas ce que c'était, **un poisson ou un calmar,** je sais juste que ce n'était pas gros. Ça s'est pris dans le safran sous le vent et j'ai fini par faire un cercle complet pour m'en débarrasser. J'ai empanné, le safran est sorti de l'eau et la chose s'est dégagée et a disparu dans le sillage. Ce n'était pas énorme, peut-être de la taille d'un sac-poubelle, mais j'ai quand même senti le choc que cette chose a produit.

L'anticyclone n'a pas l'air de se déplacer dans le même sens qu'hier, si bien qu'on va sans doute

> **La météo annonce de la neige aux Canaries. C'est une première. Si c'est le cas, je crois que j'ai intérêt à sortir les polaires de rechange dès maintenant**

se planter dedans, plutôt que de réussir à longer sa bordure, au portant. Les conditions vont donc rester identiques au cours des deux prochains jours : nous sommes toujours dans les alizés et nous n'allons pas tarder à laisser porter.

Le vent est très variable en ce moment, il oscille entre 14 et 18 nœuds. Le bateau est limite surtoilé, mais trouver la bonne combinaison n'est pas facile. On se bagarre en permanence pour porter la toile du temps et là, nous sommes surtoilés plutôt que sous-toilés, mais j'ignore ce qui est le plus risqué. Je préfère porter la grand-voile haute, ne serait-ce qu'à cause du problème de chariot et de rail de mât. Donc si je peux rester comme ça, tant mieux.

J'ai remis mes sous-vêtements thermiques. Il fait très bon pour le moment, mais je m'attends à devoir passer la deuxième couche de polaire d'ici à quelques jours. La météo annonce de la neige aux Canaries. C'est une première. Si c'est le cas, je crois que j'ai intérêt à sortir les polaires de rechange dès maintenant, parce que nous allons bientôt doubler le Cap-Vert. J'estime qu'on devrait passer dans l'ouest du Cap-Vert dans seize heures environ. Et dans deux jours pile, nous serons dans l'ouest des Canaries. Et là, nous devrions accélérer.

SOIXANTE-CINQUIÈME JOUR
31/01/05
2 jours 1 heure d'avance
400 milles à l'ouest-nord-ouest des îles du Cap-Vert

Nous avons un peu d'avance sur le record, mais je n'ai d'autre choix que de forcer l'allure, sans me mettre en danger ni le bateau non plus. Je crois que j'ai une chance de conserver cette avance pendant quelque temps. Mais tout dépend de cet anticyclone. Pour l'instant, il se déplace tous les jours et il est impossible d'anticiper sa position : ce qui veut dire qu'on pourrait finir le tour du monde par un super bord de portant, ou bien se taper 35 nœuds de vent dans le nez, scénario casse-bateau par excellence. Tout est possible et personne ne connaît le résultat. Je dois juste m'accrocher et faire de mon mieux.

En principe, ce vent devrait rester stable. Du coup, hier après-midi, j'ai repris le premier ris. Même si je ne savais pas trop comment la situation météo allait évoluer, il me semblait que c'était le bon choix. J'ai essayé de dormir un peu. Et puis le vent est tombé à 14 nœuds. Il s'est mis à pleuvoir et la brise a encore faibli, pour ne plus souffler qu'à 7 nœuds. Mais les prévisions me donnaient 20 nœuds, peut-être même plus. Et tout à coup, on a pris 21 à 22 nœuds. Une seconde barre de nuages est arrivée et ça a fraîchi à 25 nœuds, 26 dans les rafales et le vent s'est maintenu ainsi pendant six heures. Après quoi, il a lentement faibli et maintenant, il n'y a plus que 22 à 23 nœuds dans les rafales. Bref, une nuit inattendue et plutôt violente. Les mouvements du bateau étaient infernaux. Comme nous attaquons les alizés, cap à

l'est-nord-est, nous avons la houle exactement dans le nez. Et nous n'avons d'autre choix que de faire avec. Alors nous faisons avec.

En ce moment, nous naviguons sous deux ris, mais j'ai placé le chariot de têtière le plus haut possible, et je crois que ça marche. Je n'entends aucun bruit anormal. Si nous perdons à nouveau les aiguilles de roulement et si le rail est abîmé, il vaut mieux que ça se produise au-dessus de la position du deuxième ris plutôt qu'en dessous. C'est pourquoi j'ai positionné le chariot aussi haut, au-dessus de la partie endommagée. J'admets honnêtement qu'il est malgré tout très proche de l'endroit abîmé. Mais s'il s'esquinte de nouveau et saute du rail, nous pourrons quand même continuer sous deux ris, ce qui ne nous laisse pas une surface de grand-voile trop ridicule.

J'ai les mains tellement durcies, crispées et pourries... elles me dégoûtent ! J'ai des marques blanches sous le bout de chaque ongle, et je peux m'arracher des lambeaux de peau sans rien sentir, c'est dire si elles sont cornées et crevassées. Petit à petit, nous approchons de l'arrivée. Tant que le vent souffle, nous atteindrons le port, quoi qu'il se passe – du moins si je ne fais pas l'idiote ! Mais je me sens toujours très nerveuse, crevée, vidée. Il faut juste garder cette affaire sous contrôle et rallier la ligne d'arrivée. Mais il reste une semaine de mer, et une semaine de mer, c'est une part significative de ce tour du monde.

SOIXANTE-SIXIÈME JOUR
1/02/05
3 jours 6 heures d'avance
700 milles à l'ouest-sud-ouest des îles Canaries

C'est génial d'avoir à nouveau trois jours d'avance, mais je prends chaque journée comme elle vient. Ça marche fort en ce moment ; Francis aussi a fini fort. Ça va et ça vient, mais plus nous approchons, plus la différence de chrono va peser. Pour l'instant, les conditions sont favorables, mais après-demain, ça va vite changer. On va attaquer l'anticyclone, sans doute au près, et notre vitesse va s'effondrer. Je crois qu'il faut être réaliste et faire de son mieux. Je dois naviguer le mieux possible et le verdict finira par tomber. Je ne peux rien de plus ; à quoi servirait-il de rester là à me répéter que je vais battre le record ? Parce

que très sincèrement, il y a beaucoup de chances que je n'y parvienne pas. Donc mot d'ordre : tout donner et on verra bien.

En ce moment, je fais cap au nord-nord-est à 600 milles des Açores environ, et le ciel est bleu. Depuis le cap Horn, nous n'avons pas été gâtés : nous n'avons eu que des calmes, le Pot-au-Noir, des mers dures ou des vents forts. Mais au total, je suis ravie de me retrouver dans cette position, et très satisfaite de notre vitesse. N'empêche, l'appréhension est toujours là. Cet anticyclone nous barre la route, il n'y a pas de vent dedans, et il se déplace sans cesse. Quand nous allons entrer dedans, nous allons retrouver le soleil, mais la brise sera faible et nous pourrons être contraints d'empanner sur sa crête, de passer par tous les changements de voiles imaginables et de finir au près serré jusqu'à l'arrivée. Je ne saute pas de joie à la perspective de toutes ces manœuvres. Tous mes muscles, toutes mes articulations me font mal. Difficile d'imaginer en ce moment qu'on aura beaucoup d'avance sur le record.

Je suis impatiente de couper la ligne, de réaliser que je peux enfin mettre mon cerveau sur « off ». Ces derniers mois ont été si intenses que de ne plus devoir surveiller le vent et la mer, ne plus penser aux batteries, ne plus prendre soin de moi comme j'ai dû le faire ces derniers temps, tout cela sera un incroyable soulagement. Ce sera formidable de retrouver l'équipe, mes amis, tous les gens qui m'ont soutenue. Mais pour l'instant, c'est le repos – le soulagement – que j'attends avec le plus d'impatience. La vie à bord est incroyablement stressante et en même temps géniale. Les priorités sont différentes. Et même si je n'ai aucune influence sur le temps, j'exerce un contrôle total sur le bateau. Il est sous ma responsabilité, et je sais qu'à peine la ligne d'arrivée franchie, record battu ou pas, ce contrôle va m'échapper. Et la vie va complètement changer.

SOIXANTE-SEPTIÈME JOUR
2/02/05
3 jours 10 heures d'avance
330 milles au sud-ouest des Açores

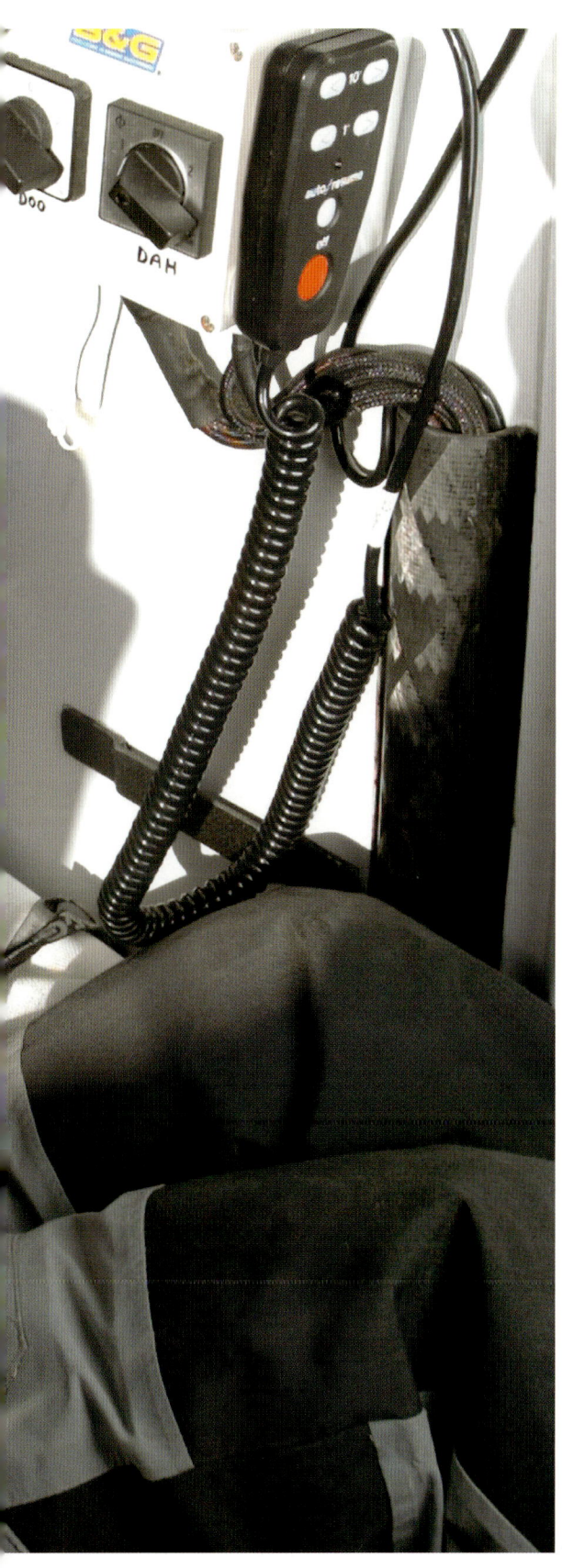

J'ai fini par m'endormir en ciré, à l'abri de la casquette. C'était un sommeil haché et plein de réveils en sursaut plutôt qu'un repos réparateur

Presque pas dormi, la nuit dernière. C'était brutal et la brise n'a pas cessé de jouer au yo-yo. Elle tombait à 14 nœuds et en deux secondes, elle montait à 28 nœuds, puis, dans les minutes suivantes, elle retombait à 14 nœuds. En ce moment, regarder la météo n'est qu'une perte de temps ; les fichiers ne sont pas du tout conformes au temps qu'il fait ici. Je n'ai pas pu dormir parce qu'à chaque fois que je croyais avoir établi la bonne voilure et que je me préparais à me reposer, l'alarme se déclenchait brusquement et annonçait 27 nœuds de vent. Une fois de plus. J'ai fini par m'endormir en ciré, à l'abri de la casquette. C'était un sommeil haché et plein de réveils en sursaut plutôt qu'un repos réparateur. Ce matin, je suis quand même allée m'allonger une heure dans ma couchette, mais je n'ai pas pu dormir. J'étais précipitée contre le bordé et l'alarme se déclenchait sans arrêt.

Je ne sais pas s'il faut que je renvoie le solent. On est actuellement sous deux ris et petite trinquette et c'est parfait dans les rafales, mais là, il n'y a plus que 18 nœuds de vent. Il faudrait que j'accélère, mais les changements de voiles me prennent deux fois plus de temps qu'au début du tour du monde, tant je suis fatiguée. Et je ne veux surtout pas risquer de déchirer le solent. Le problème, c'est qu'il faudrait engranger de l'avance maintenant, parce que le temps semble affreux devant nous. Le logiciel de routage me fait arriver mardi dans la nuit, mais la tendance se dégrade. C'est maintenant ou jamais qu'il faut prendre de la marge.

SOIXANTE-HUITIÈME JOUR
3/02/05
3 jours 6 heures d'avance
15 milles à l'est de Terceira, Açores

Je n'en reviens pas de ce qui nous est tombé dessus. Nous sommes restés plantés deux heures avec 2 nœuds de vent contraire. La brise a basculé au nord-ouest et nous faisions cap à nouveau vers Terceira qui n'était qu'à 14 milles. On a avancé un peu, on s'est arrêté, j'ai pensé virer, j'ai largué les ris, je les ai repris. On avait 22 nœuds de vent, puis 4 nœuds, puis 19 nœuds : n'importe quoi ! Rien que ces deux dernières heures, on a empanné à sept reprises. Le vent faisait le tour du cadran. Il est revenu, maintenant, mais je suis morte. Et j'espère qu'il ne va pas fraîchir, je ne veux pas être forcée de passer du génois à une voile plus petite. Il faut que je parvienne à me reposer mais je ne vois pas comment, parce que le vent s'est évanoui. Tout allait bien, mais c'est fini. Les pilotes ont décroché deux fois, ce qui tombait plutôt mal, juste au début d'un calme d'une douzaine d'heures. En ce moment, la brise est vraiment faible. Faible et variable, 4 à 7 nœuds seulement. On peut avancer à la voile dans 4 à 7 nœuds de vent. Mais je ne peux tout simplement pas me reposer. Je ne peux pas me reposer quand le pilote décroche. Je peux supporter d'aller nulle part, mais pas quand l'alarme se déclenche à tout bout de champ.

SOIXANTE-NEUVIÈME JOUR
4/02/05
2 jours 13 heures d'avance
690 milles à l'ouest de Vigo, Espagne

Gros gros stress, la nuit dernière. Six heures d'enfer absolu. Il y avait 4 nœuds de vent et nous parvenions à progresser, puis le vent s'est évanoui pendant trois quarts d'heure. Il tournait dans tous les sens. J'ai roulé le génois, je me suis assise et j'ai regardé ça pendant 45 minutes, parce que ça ne servait à rien d'essayer de faire route. Puis la brise s'est établie à 3,5 nœuds, ce qui nous permettait tout juste d'avancer. Et là, elle a décidé de faire quatre fois le tour du cadran, ce qui complique à l'évidence toute idée de faire voile. Au bout de quelques heures, elle a fini par se stabiliser à l'est-sud-est et puis je l'ai vue revenir au nord. La bulle anticyclonique n'était pas aussi nord que nous le pensions, mais plus au sud-ouest, et nous sommes passés juste au-dessus, ce qui explique pourquoi nous avons perdu le vent si tôt. Mais ça y est, on est en plein dedans, on est dans cette patate et le vent va rester très léger pendant un bout de temps. Espérons qu'il n'y ait pas d'autre bulle, et dans ce cas, ça devrait aller. Le vent devrait revenir au nord et enfin bouger ses fesses… normalement ! Le logiciel de routage n'indiquait pas que nous allions monter très nord, mais tant que le vent reste comme ça, je gagne dans le nord et c'est génial.

J'ai fini par scotcher l'alarme parce qu'elle me cassait les oreilles. Je ne pouvais plus la supporter ! Mais je n'ai pas lâché l'affaire la nuit dernière, pas une seconde, et le cauchemar a duré six heures. Ce qui est dur, c'est d'imaginer ce qui va se produire et qu'en fait, il se passe quelque chose de complètement différent. Vous ne savez plus où vous en êtes, vous êtes perdue. Mais je n'ai pas cédé. Et pourtant, la nuit d'avant, je n'en pouvais plus. C'est incroyable la différence que fait le sommeil. J'ai pris trois heures hier et quelques petites tranches cette nuit. Dès que le vent va s'établir, je vais tenter de dormir encore.

La nuit dernière, j'ai eu vraiment faim, un véritable miracle ! Aussi, vers 3 heures du matin, je me suis fait mon dîner. L'objectif, dès que la brise est stable, c'est de dormir. Mais il faut aussi se nourrir. Je me suis brûlé la langue, tellement je voulais manger vite, rien que pour pouvoir dormir cinq minutes ! Il faut ce qu'il faut, quand votre survie est en jeu. Ce tour du monde fut essentiellement une question de basique instinct de survie.

Jusque dans ce que vous choisissez de manger pour pouvoir digérer correctement. La seule chose dont j'ai vraiment envie, ce sont des laitages. Je suis presque au bout de ma réserve de lait en poudre, parce que j'en prends dans mon thé et avec mes céréales. Je ne sais pas si mon organisme réclame des graisses parce que, ces derniers mois, j'en ai été totalement privée (merci, générateur !).

Hier, un bateau est passé sur bâbord. J'étais sous génois, bâbord amures. L'Active Echo n'a émis aucun bip, rien du tout. Je n'ai rien vu sur l'écran radar. Plutôt énervant, en fait. On vient de virer à la hauteur du cap Finisterre, cap au nord, ce qui va nous ramener dans la route des cargos et nous imposera une vigilance maximum.

Je doute de parvenir un jour à dire ce que ce tour du monde m'a fait endurer, je suis si proche du point de rupture, je crois, que seule l'énergie des autres me permet de continuer

« Salut, toute l'équipe

Je suis assise à la table à cartes, en larmes. Je ne sais pas quoi faire de moi. Je ne parviens pas à exprimer comment je me sens. Je doute de parvenir un jour à dire ce que ce tour du monde m'a fait endurer… Il y a eu des moments incroyables, mais d'autres bien trop douloureux pour les faire remonter à la surface… Le plus dur, c'est que je sais qu'il ne me reste que très peu de ressort… Je suis si proche du point de rupture… Si proche, je crois, que seule l'énergie des autres me permet de continuer. Physiquement, je suis exténuée – pas seulement par l'effort qu'exige le fait de tirer autant sur *Mobi*, mais aussi à cause de ces chocs permanents qui vous interdisent de simplement imaginer rester debout sans vous agripper. Sur une échelle de 1 à 10, je situerais ce shaker à 9 et quelques, quand le Vendée Globe ne dépasse pas 5, au grand maximum. En bref, je dirai que j'ai tout donné au cours de ce voyage, absolument tout.

Il m'a vidée de toute mon énergie, jusqu'à la moindre parcelle. J'ai tout donné pour parvenir jusqu'ici, et nous ne sommes toujours pas au bout. Jamais, jusqu'ici, je ne me suis lancée dans quelque chose d'aussi monstrueux. Et il faut que je vous avoue que je vais mettre longtemps à récupérer… mentalement encore plus que physiquement… même si vous savez que je suis courageuse et que je ferai tout mon possible pour me réadapter à la « vie normale ». Mais, s'il vous plait, retenez que je n'ai plus du tout de réserves et que je suis très fragile, désormais.

Je voulais que vous sachiez ce que je ressens… Je suis plutôt solide, mais là, cet effort m'a vidée. C'est moi qui ai choisi de me lancer dans cette histoire et je ne mérite aucune compassion, au contraire,, mais j'ai besoin de savoir que vous comprenez à quel point je suis lessivée. »

Exx

Hier, l'arrivée paraissait toute proche ; maintenant, elle semble loin, très loin devant

SOIXANTE-DIXIÈME JOUR
5/02/05
2 jours 6 heures d'avance
500 milles à l'ouest du cap Finisterre

Il fait déjà très mauvais, mais ça va nettement empirer. Les fichiers météo annoncent 18 nœuds de vent pour notre zone, mais j'ai déjà 28 nœuds établis, avec des rafales à 33 nœuds, alors que ce n'est pas supposé se gâter dans les douze heures qui viennent. Eh bien, franchement, on aura de la chance si on s'en sort sans rien casser, voire sans chavirer. Les vagues sont devenues monstrueuses et on va devoir les prendre de travers, ce qui est la pire des configurations. Je suis extrêmement anxieuse. Il faut

absolument que tout tienne dans les vingt-quatre prochaines heures. En début de nuit, j'ai réussi à dormir environ une heure et demie, parce que le vent est tombé. Mais le reste du temps, il n'y a pas eu moyen de fermer l'œil durant des heures et des heures. J'avais tellement froid ! Il fait absolument glacial, par ici. Je n'arrivais pas à me réchauffer. Et puis, il y avait plein de bateaux dans le secteur. Je peux vous dire qu'il me tarde de voir le lever du soleil. Au moins, durant l'heure qui précède, le vent a-t-il été plus stable. Il y a eu deux grosses rafales, mais ça allait à peu près. Je veux surtout ne rien casser, mais quand le vent est tombé à 15 nœuds, c'était l'enfer. Dans ces cas-là, tout tremble, vous êtes en apesanteur jusqu'à ce que le bateau s'écrase au bas de la vague, et là c'est l'horreur. Impossible de se détendre, parce que la situation n'a rien d'apaisant. Impossible de se dire : « T'en fais pas, dans trois jours, c'est fini », parce que pour l'instant, nous affrontons sans aucun doute les pires conditions casse-bateau de tout le tour du monde. Hier, l'arrivée paraissait toute proche ; maintenant, elle semble loin, très loin devant…

SOIXANTE ET ONZIÈME JOUR
6/02/05
1 jour 23 heures d'avance
250 milles à l'ouest-nord-ouest du cap Finisterre

Le vent ne cesse de basculer. Du coup, faire avancer ce bateau est infernal. La moyenne est tombée à 12,7 nœuds, en ce moment, c'est vraiment nul. Cette nuit, nous avons eu droit à des vagues énormes : l'une d'elles m'a projetée hors de ma couchette, elle a brisé en plein sur le bateau et elle a rempli le cockpit. Coup de chance, la porte de la cabine était fermée. L'abri, sous la casquette, était plein d'eau, tout était trempé, les bouts flottaient dans le cockpit. On a bien dû

Les derniers jours de n'importe quelle course ou de n'importe quelle tentative de record sont toujours très durs et il n'y aura pas d'exception cette fois-ci

embarquer une tonne d'eau et je me faisais du souci pour la structure du bateau. J'ai passé quelques heures dans ma couchette. C'était dur, violent et froid. Mais pour être honnête, il ne faisait pas aussi froid que la nuit précédente. Là, j'en ai terriblement souffert.

J'ai bossé dur, la nuit dernière. Je suis crevée, mais tout ce que je désire, c'est passer la ligne d'arrivée. Ce projet était colossal, il a absorbé énormément d'énergie de la part d'un tas de gens. Je crois que c'est la dernière occasion de boucler l'affaire. Je veux aller au bout et y parvenir, autant que possible, en vitesse et en douceur. Mais je suis très fatiguée : j'ai dormi moins d'une heure la nuit dernière, je suis restée en alerte toute la journée aujourd'hui, et ça va continuer toute la nuit. J'essaye juste d'atteindre l'arrivée en un seul morceau.

Je n'ai pas la moindre idée de notre heure d'arrivée. Ce sera à un moment ou l'autre durant la nuit, demain. Il y a une heure, il y avait 18 nœuds de vent, maintenant ça tourne autour de 11 nœuds. Il y a des nuages au vent, il faut compter avec le courant et la brise adonne. Cela fait donc quatre variables qui interfèrent et se combinent pour nous permettre de passer la ligne quelque part entre minuit et le lever du soleil. Je n'en sais fichtre rien. C'est un vrai mystère pour l'instant. Je voudrais juste passer la ligne le plus vite possible. L'alarme radar se déclenche tout le temps en ce moment. Il y a toujours un cargo dans les parages et il faudra faire attention au trafic jusqu'à l'arrivée, y compris aux couloirs de séparation des routes montantes et descendantes. Ce qui signifie que nous devrons éviter les navires pendant douze à dix-huit heures, encore.

Les derniers jours de n'importe quelle course ou de n'importe quelle tentative de record sont toujours très difficiles et il n'y aura pas d'exception cette fois-ci. Donc, pour l'instant, je me concentre sur l'objectif : atteindre la ligne d'arrivée le plus vite possible. Je sais que la nuit va être très longue.

Le HMS *Liverpool* est par le travers, un avion de tourisme vrombit tout près et un hélicoptère de la Royal Navy vole juste derrière moi. Il va me falloir un contrôleur aérien, par ici !

SOIXANTE-DOUZIÈME JOUR
7/02/05
1 jour 8 heures d'avance
À 100 milles de la ligne d'arrivée

11 heures du matin : les dernières vingt-quatre heures ont été épouvantables. On a tout eu, hier : des rafales à 40 nœuds et la queue d'une tempête. On est passé à travers la nuit dernière, il y avait des bourrasques brutales et il a fallu virer à cinq reprises pour traverser une petite dépression située au large de la côte nord de l'Espagne. Et ça n'a pas été simple du tout.

Il nous reste sans conteste une vraie chance de battre le record, du moins tant qu'on ne percute rien

et que rien ne casse d'ici à la ligne d'arrivée. Je garde donc toutes mes chances mais, comme toujours, ça s'annonce très difficile. J'espérais y être avant le coucher du soleil, mais maintenant, ça semble tout à fait hors de portée. La nuit dernière a été très éprouvante. Je n'ai réussi à dormir qu'un quart d'heure, il y avait des cargos partout et le vent était incroyablement irrégulier. Il faut que je tienne. J'essaye simplement de garder le contrôle jusqu'à cette fichue ligne. Approcher de la terre me procure des émotions étranges, parce qu'il y a bien longtemps que nous n'avons pas vu une côte. Je n'ai même pas vu le cap Horn, juste les îles de l'Atlantique Nord. Au total, Castorama n'aura pas reconnu beaucoup de terres et l'idée de revenir sur la terre ferme est en soi une vraie nouveauté. Quand mon cerveau s'accordera enfin une pause, alors peut-être serai-je capable de prêter attention à ce qui m'attend. Je suis impatiente d'arriver. Ce voyage a été exceptionnellement dur. Je serai heureuse de passer la ligne d'arrivée et de commencer enfin à éprouver un peu de soulagement.

71 jours, 14 heures, 18 minutes et 33 secondes

Quand j'ai passé la ligne, j'ai failli m'écrouler dans le cockpit et m'endormir sur le champ. Le simple fait de pouvoir enfin vous laisser aller, de vous dire qu'une fois la ligne franchie, c'est fini, simplement fini, que vous n'avez plus à vous tourmenter, telle était la première et la plus forte des émotions que j'ai ressenties : un immense soulagement. Aussi, à l'instant, suis-je à la fois extatique et absolument vidée. Le voyage s'est révélé impitoyable, je ressens des émotions contradictoires.

Une joie intense m'a envahie quand les gars se sont rués à bord. Ils ont suivi les moindres instants de ce tour du monde et voilà que j'étais enfin revenue – et ils étaient là, en chair et en os, avec moi. Je n'avais pas regardé quelqu'un dans les yeux depuis plus de deux mois. C'était tellement formidable de voir des gens, de pouvoir les toucher, les étreindre et de partager ce moment avec eux : voilà qui a donné sa valeur au record. Auparavant, il me semble que ce n'était qu'une lutte sans fin. Il faut vraiment vous persuader

Quand j'ai passé la ligne d'arrivée, j'ai failli m'écrouler dans le cockpit et m'endormir sur le champ

que vous avez une chance de réussir, quand vous vous lancez dans une entreprise comme celle-là. Sinon, il est impossible de trouver la motivation et la détermination suffisantes pour faire construire le bateau, le préparer et vous débrouiller pour que tout soit prêt à temps. Je pensais que le record de Francis était accessible – tout comme Francis lui-même – mais j'estimais qu'il était impossible de réussir à la première tentative. Le défi était immense et c'est devenu une folle cavalcade, avec ses hauts et ses bas, et une avance de cinq jours qui a fondu. Quand j'ai décidé de me lancer dans un projet, rien ne m'arrête. Je m'y donne entièrement. Mais cette détermination vient du fait que je travaille avec une équipe fabuleuse. Donc, je ne fais pas ça seulement pour moi, je le fais pour tous ceux qui sont avec moi. Et quand ça tourne mal, je ne peux imaginer laisser tomber tous ceux qui me soutiennent, ce qui me donne sans doute la plus forte des motivations. Et là, je n'arrête pas de sourire : je rentre à la maison.

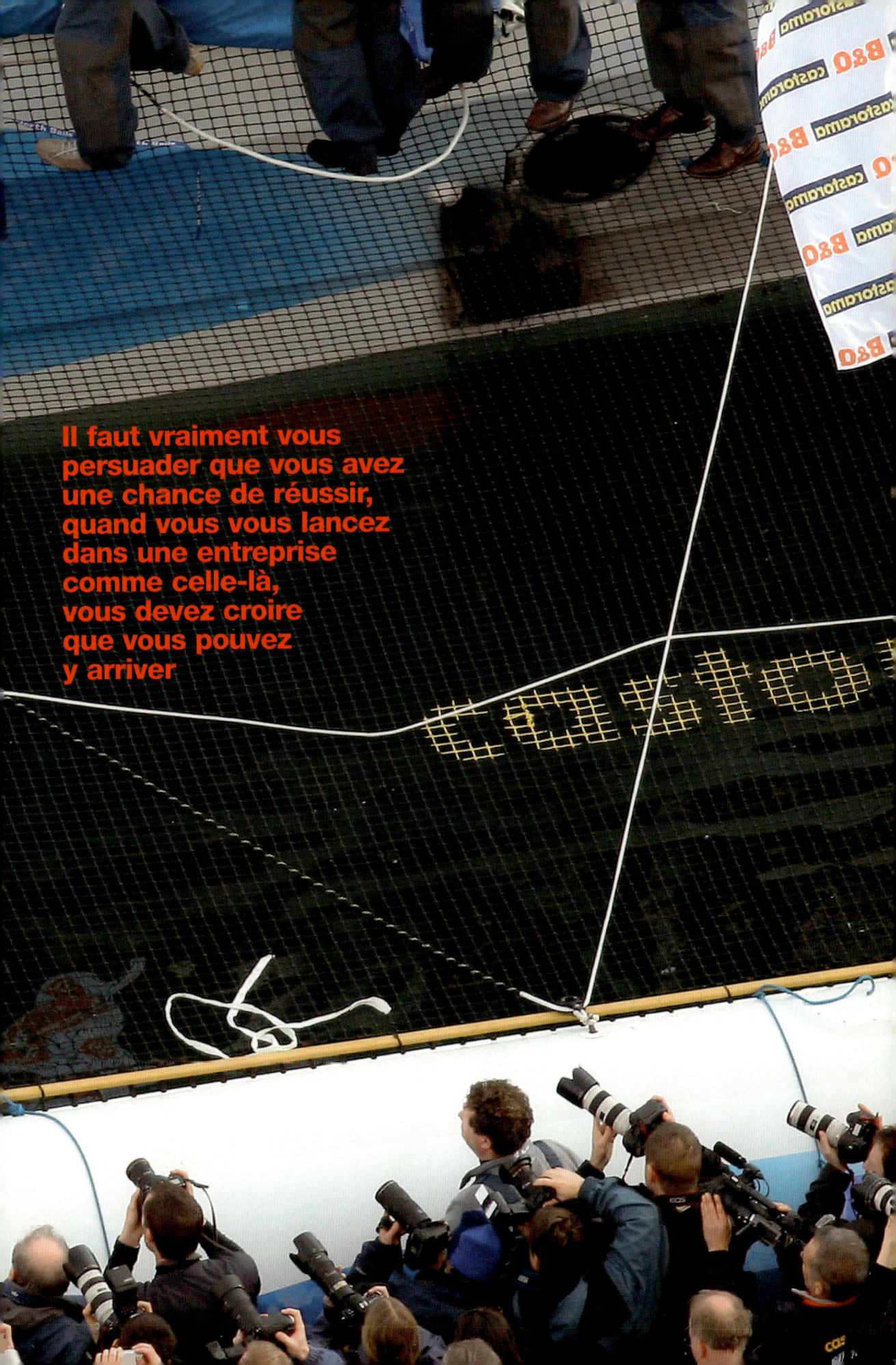

Il faut vraiment vous persuader que vous avez une chance de réussir, quand vous vous lancez dans une entreprise comme celle-là, vous devez croire que vous pouvez y arriver

C'était tellement formidable de voir des gens, de pouvoir les toucher, les étreindre et de partager ce moment avec eux : voilà qui a donné sa valeur au record

Je travaille avec une équipe fabuleuse et je reçois l'aide de gens incroyables. Donc, je ne fais pas ça seulement pour moi, je le fais pour tous ceux qui sont avec moi

OMEGA

OFFICIAL TIMEKEEPER
FOR ELLEN MACARTHUR

14

HOURS   MIN

7

DAYS

33

SECONDS

ÉPILOGUE

Quand j'ai débarqué de *Kingfisher*, à l'arrivée du Vendée Globe, il y a quatre ans, je n'arrivais pas à m'en arracher. J'étais désespérée. Je ne voulais pas que l'histoire finisse. Je sentais que ma vie était sur le point de changer radicalement, et c'est ce qui s'est produit. Cette fois, avec *Castorama*, c'était différent. J'étais prête à le quitter, à débarquer. Je ne ressentais donc pas cette immense tristesse, mais une joie profonde, la satisfaction d'y être finalement arrivée. Et, plus encore, la conviction que l'avenir était devant nous. Cette fois, je n'avais pas peur. Chacun de nous se remémore les événements de sa vie pour des motifs différents. Nous nous rappelons les hauts et les bas, la joie et la tristesse, mais certains souvenirs se détachent toujours.

À mes yeux, les gens qui se sont investis dans ce projet ont fait toute la différence, et certains moments sont plus forts encore que de simples souvenirs. Cette amitié, ces instants privilégiés, vont façonner ma vie bien plus profondément que je n'aurais pu le réaliser à l'époque. Même dans les pires moments, j'avais le sourire quand je pensais à cette équipe fabuleuse et à l'énergie qu'ils ont déployée pour ce projet. Quand je reviens sur les meilleurs moments, je revois cet incroyable esprit d'équipe qui nous a tous unis. Je crois que je travaille avec l'équipe la plus passionnée, la plus motivée et la plus engagée dont on puisse rêver. Peu de gens savent ce que ce projet a exigé, peu de gens savent la bataille qu'il a fallu mener pour battre le record, mais surtout peu de gens sont conscients de l'énorme préparation, longue de deux années, qu'il a imposée. Le sang, la sueur et les larmes de ces gens ont fait le bateau tel qu'il est aujourd'hui. C'est cette équipe qui lui a donné la solidité nécessaire pour m'emmener autour du monde sans escale.

Aussi longtemps qu'il durera, je ne considérerai jamais ce record comme « mon » record. Il n'y a pas l'ombre d'un doute, à mes yeux, qu'il s'agit de « notre » record. Même si, de l'extérieur, on a vu ça

comme un exploit en solitaire, en réalité, ce record n'est pas tombé en raison des efforts d'une personne seule, mais de ceux d'un groupe d'individus géniaux et déterminés.

C'est pourquoi, quand j'ai franchi la ligne d'arrivée, je n'ai rien ressenti d'autre que du soulagement. Et c'est seulement quand j'ai été en mesure de partager ce que je venais de réaliser avec les autres que j'ai ressenti une joie profonde. C'est à ce moment précis que nous avons réussi.

Maintenant, la vie continue. Restituer dans ce livre ces moments intenses, parfois superbes, parfois douloureux, est peut-être une façon pour moi d'intégrer ce qui s'est passé. Je tourne les pages et je reviens sur tout ça. Il reste des records à battre et des courses à disputer.

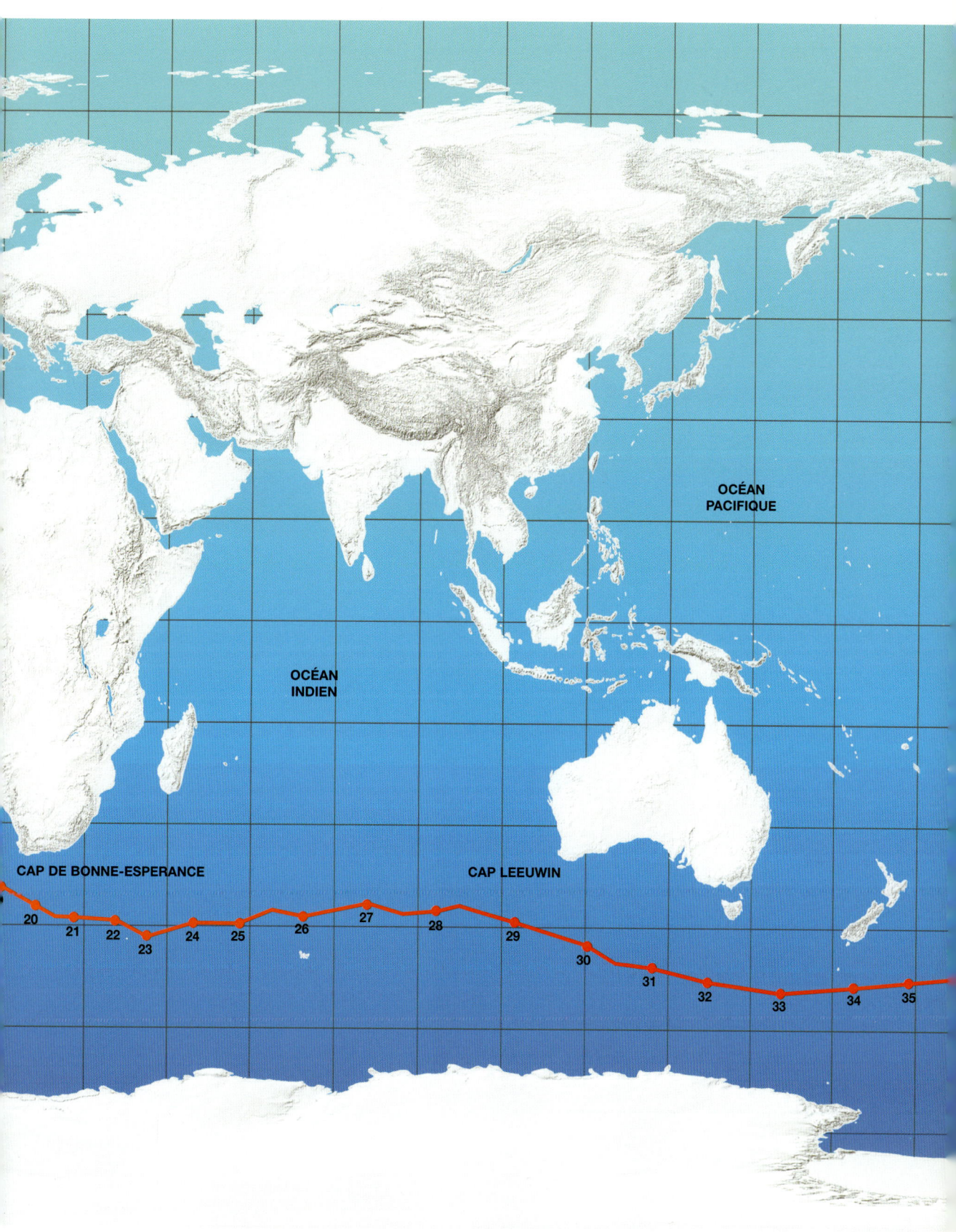

1. Coque centrale
2. Flotteurs
3. Bras
4. Mât aile
5. Bôme
6. Franc-bord
7. Redan
8. Dérive
9. Safran
10. Cockpit
11. Gréement
12. Abri sous la casquette
13. Table à cartes
14. Couchette et cuisine
15. Moteur
16. Cloison étanche
17. Soute à voile
18. Ballast de secours
19. Crash box en mousse (en cas de choc)
20. Electronique et générateur
21. Trappe d'évacuation (en cas de chavirage)
22. Réservoir de gazole
23. Réservoir d'eau
24. Colonne de moulin à café
25. Antenne satellite
26. Ballast arrière
27. Boîtier du safran principal
28. Safrans latéraux

FICHE TECHNIQUE DU TRIMARAN *CASTORAMA*

Déplacement : 8,3 t

Longueur : 22, 90 m

Largeur : 16,20 m

Hauteur du mât : 30,60 m

Gréement dormant : 253,20 m

Charge de rupture de l'étai principal : 43 t

Surface de la coque principale : 143,90 m^2

Surface intérieure de la coque principale : 37,29 m^2

Surface de bras : 51,34 m^2

Surface des flotteurs : 151,48 m^2

Surface intérieure des flotteurs : 35,78 m^2

Surface totale : 419,79 m^2

Architectes : Nigel Irens/Benoit Cabaret (Nigel Irens Design)

Constructeur : Boatspeed, Australie

Direction de projet : Offshore Challenges Project

La construction du trimaran de 75 pieds *Castorama*, coques et équipements, a été réalisée dans six pays :

Australie : coque principale, flotteurs, bras et assemblages

Nouvelle-Zélande : mât et gréement

Royaume-Uni : safrans, appendices et maquettes

États-Unis : voiles 3DL

France : finition des voiles 3DL

Italie : équipements de pont

GLOSSAIRE

Abattre – s'écarter du vent et ainsi accélérer.

Active Echo – appareil émettant un signal radar très puissant et déclenchant une alarme radar à la réception des signaux radars des autres navires.

Alizés – vents réguliers soufflant sous les tropiques, du nord-est dans l'hémisphère Nord et du sud-est dans l'hémisphère Sud.

Anticyclone – zone de hautes pressions caractérisée par des calmes en son centre et des vents tournant dans le sens des aiguilles d'une montre dans l'hémisphère Nord et dans le sens inverse dans l'hémisphère Sud.

Au vent – côté du bateau qui reçoit le vent en premier. Par extension, depuis le bateau, toute la zone d'où vient le vent.

Bâbord – le côté gauche du bateau.

Bastaque – câble de soutien du mât vers l'arrière que l'on tend du côté d'où vient le vent.

Bôme – tube horizontal servant à tenir la base de la grand-voile.

Boîtier de safran – logement du safran qui lui permet de pivoter de la verticale à l'horizontale (et inversement).

Cabine – lieu de vie de l'équipage.

Casquette – prolongement du *roof* (toit de la cabine) au-dessus du cockpit, permettant d'assurer une veille extérieure sous abri.

Chariot de têtière – (de grand-voile), pièce métallique de l'extrémité supérieure de la grand-voile, permettant de faire coulisser celle-ci le long d'un rail fixé au mât, quand on la hisse, la réduit ou la descend.

Cockpit – partie arrière et creuse du pont d'où le voilier est manœuvré et barré.

Code 0 – gennaker léger permettant de serrer le vent par vent faible.

Crayons – aiguilles de roulement du chariot de têtière de grand-voile qui facilite son coulissement le long du rail de mât.

Dépression – zone de basse pression marquée par la rencontre de masses d'air différentes (fronts) dans lesquelles les vents forts circulent dans le sens inverse des aiguilles d'une montre en hémisphère Nord et inversement en hémisphère Sud.

Dérive – longue lame coulissant au milieu de la coque centrale et empêchant le trimaran de déraper latéralement à la surface de l'eau sous la poussée du vent. Utilisée aux allures de remontée contre le vent.

Dorsale – extension d'un anticyclone dans laquelle le vent est en général faible.

Drisse – cordage permettant de hisser les voiles vers le haut du mât.

Écoute – cordage permettant de border (tendre) une voile pour lui donner sa force propulsive.

Empanner – virer vent arrière, c'est-à-dire faire évoluer le voilier pour qu'il reçoive le vent du côté opposé au précédent en tournant le dos au vent.

Enrouleur – tambour permettant de rouler une voile d'avant (génois ou solent) sur elle-même.

Étai – l'un des câbles soutenant le mât vers l'avant (tendu entre le haut du mât et le pont).

Flotteur – coque latérale d'un trimaran.

Fonds (les) – partie intérieure la plus basse de la coque dans laquelle stagne l'eau provenant des fuites ou de la condensation.

Fusibles – cordages permettant de maintenir le safran principal en position verticale. En cas de choc avec un objet, ces cordages doivent se rompre pour permettre au safran de remonter.

Gennaker – la plus grande des voiles d'avant, utilisée sur un trimaran aux allures de vent portant.

Génois – grande voile d'avant utilisée par vent léger à moyen pour remonter contre le vent.

Grain – nuage actif qui donne en général de fortes pluies, voire de la grêle, et précédé par de violentes rafales.

Grand-voile – grande voile hissée en arrière du mât au-dessus de la bôme dont on peut réduire la surface au moyen des ris.

Kevlar™ – fibre synthétique plus légère et plus résistante que l'acier.

Multicoque – voilier à plusieurs coques en général plus léger et plus rapide qu'un monocoque, mais qui chavire plus facilement.

Nœud – unité de mesure de la vitesse en mer et dans les airs. Un nœud = 1 852 mètres à l'heure soit un peu moins de 2 kilomètres à l'heure.

Pataras – câble qui tient le mât sur l'arrière.

Pompe de cale – pompe (électrique) permettant d'évacuer l'eau des fonds.

Portant (au) – allure rapide où le voilier reçoit le vent sur l'arrière du travers. Laisser porter : s'écarter du vent.

Près (au) – allure lente où le voilier serre le vent au maximum pour s'élever contre lui. Louvoyer c'est enchaîner les bords de près de part et d'autre du lit du vent.

Régler (une voile) – ajuster la tension d'un cordage (drisse ou écoute) pour adapter la forme de la voile à la force du vent.

Ris – bande de tissu de la grand-voile (en général) que l'on peut replier sur elle-même pour réduire la surface de celle-ci.

Safran – partie immergée du gouvernail se présentant sous forme d'une lame orientable sur le plan vertical.

Solent – voile d'avant étroite utilisée principalement pour remonter contre le vent dans les vents moyens à assez forts.

Sous le vent – côté du bateau qui ne reçoit pas le vent en premier. Par extension, depuis le bateau, toute la zone vers où va le vent.

Tourmentin – très petite voile d'avant utilisée dans les tempêtes.

Tribord – le côté droit du bateau.

Trimaran – un multicoque à trois coques (par opposition à un catamaran qui n'en a que deux).

Trinquette – petite voile d'avant utilisée pour remonter contre le vent dans les vents forts et à toutes les allures dans les vents très forts.

Vent de travers – allure rapide d'un voilier qui reçoit le vent en avant, au milieu ou en arrière du travers.

Virer de bord – virer vent debout, c'est-à-dire faire évoluer le voilier pour qu'il reçoive le vent du côté opposé au précédent en faisant face au vent.

Voiles d'avant – gennaker, génois, solent, trinquette ou tourmentin, par ordre décroissant de surface : voiles envoyées entre le mât et l'étrave.

Winch – treuil actionné par une manivelle simple ou une colonne à manivelle, permettant de donner une grande tension à un cordage.

Zone de convergence – zone océanique située à proximité de l'équateur où se rencontrent les alizés du nord-est et du sud-est. Marquée par les calmes et les orages, on l'appelle Pot-au-Noir.

CRÉDITS PHOTOGRAPHIQUES

L'éditeur et l'auteur expriment leur reconnaissance aux personnes figurant ci-dessous pour leur autorisation de reproduction des photos et dessins. L'éditeur sera heureux de rectifier dans les éditions futures toute erreur ou omission portée à sa connaissance.

Nigel Irens – Reproduction des croquis originaux : p 14-15

Benoît Stichelbaut/DPPI : p 2-5 ; 40-41; 60-61 ; 68 ; 69 ; 72-73 ; 92-93 ; 100-101 ; 103 ; 113 ; 134-135 ; 138-139 ; 162-163 ; 180 ; 181 ; 183 ; 184-185 ; 216-217 ; 232-234 ; 238-239 ; 240 ; 244-245 ; 246-247

Jacques Vapillon/DPPI : p 26-27 ; 28-29 ; 30-31 ; 36-37 ; 43 ; 59 ; 62 ; 82-83 ; 110-111 ; 142 ; 144-145 ; 164-166 ; 188-189 ; 190-191 ; 204-207; 258-259 ; 266

Liot Vapillon/DPPI : p 10-11 ; 264 ; 265 ; 267 ; 268-269 ; 270-271 ; 272 (haut) ; 273-274 ; 287 ; première de couverture et photo auteur

Vincent Curuchet/DPPI : p 33 ; 66-67 ; 70 ; 76-77 ; 114-115 ; 124-125 ; 130-131 ; 146-147; 170-171 ; 186-187 ; 199 ; 200 ; 202-203 ; 208-209 ; 231 ; 242

Andrea Francolini/DPPI : p 16 ; (en haut à gauche) 17 ; 44

David Richard/DPPI : p 18 (en haut)

Carlo Borlenghi/DPPI : p 260-261

Jean-Marie Liot/DPPI : p 20-21 ; 22-23 ; 24-25 ; 35 ; 56-57 ; 249

Jon Nash/DPPI : p 78 ; 80-81

Billy Black/DPPI : p 74-75 ; 152

Omega/DPPI : p 276-277

Royal Navy/DPPI : p 52

Ellen MacArthur/DPPI : p 38-39 ; 49 ; 53 ; 55 ; 90 ; 98 ; 133 ; 140-141 ; 168 ; 210 ; 212 ; 220-221 ; 223 ; 236-237

Mark Lloyd : p 262-263 ; 272 (haut) ; 279, quatrième de couverture

British Crown Copyright/MOD. Reproduction avec l'autorisation du Controller of Her Majesty's Stationery Office : p 46 ; 192-193 ; 213 ; 256-257

Thierry Martinez : p 48 ; 50–51 ; 214-215

Peter Favelle/Alamy : p 150-151
Bildagentur Franz Waldhaeusl/Alamy : p 224-225

Onne van der Wal/Bluegreen Pictures : p 194-195

Jason Edwards/Getty Images : p 196-197
Cartesia/Getty Images : p 280-281

L'ensemble des autres photographies : Ellen MacArthur/ Offshore Challenges Sailing Group

Note à propos des photos :
Le grain et les stries présents sur de nombreuses images de *Seule Autour du Monde en 71 jours* sont dus à leur capture sur écran vidéo durant le record.

REMERCIEMENTS

Les remerciements devraient occuper un livre entier à eux seuls. Au fur et à mesure du développement de ce projet, le nombre de gens impliqués dans l'aventure n'a cessé de croître. Chacun d'entre eux a apporté sa pierre à l'édifice, depuis ceux qui ont construit le bateau jusqu'à ceux qui l'ont préparé. Tous, à votre façon, vous avez contribué à ce record, et j'espère réellement que vous vous en sentez détenteurs. Mark, si je ne t'avais pas rencontré en janvier 1996, je suis sûre que rien de tout cela ne se serait produit. Tu as toujours été présent à mes côtés, en mer ou à terre, et nos aventures extraordinaires continuent.

Mais je voudrais conclure en remerciant ceux qui ont le plus souffert parmi vous, je veux parler de ma famille. Si mes parents n'avaient pas donné à leurs enfants la liberté de poursuivre leurs rêves, jamais je n'aurais mis les pieds sur un bateau. Maman, Papa, toute la famille, vous m'êtes ce qui est le plus précieux dans ma vie. Avec tout mon amour

ellen x

SUIVEZ LES PROJETS

L'aventure ne doit pas s'arrêter là… Quand Ellen et son équipage d'Offhore Challenges Sailing Team courent au large, son équipe à terre, en collaboration avec ses sponsors, les enseignes de bricolage B&Q et Castorama, communiquent sur ses aventures à des milliers de gens à travers le monde via courriels et SMS. Si vous voulez recevoir ces informations, enregistrez-vous à l'adresse suivante : http://www.teamellen.com/updates.asp. Les informations sont transmises chaque jour ou chaque semaine, et à tout instant en cas d'événement important.

Le Fonds Ellen MacArthur

Lancé en janvier 2003, le Fonds Ellen MacArthur (Ellen MacArthur Trust) a été fondé dans le but de venir en aide aux enfants souffrant de cancers ou de leucémies. La principale activité du Fonds consiste à emmener ces enfants naviguer le long de la côte sud de l'Angleterre. « Grâce au défi qui consiste à aller en mer, les enfants regagnent confiance et réalisent qu'il y a une vie au-delà de leur maladie. En même temps, ils rencontrent des camarades souffrant des mêmes affections, ce qui leur rappelle qu'ils ne sont pas seuls dans leur lutte. »

Pour plus d'information, enregistrez-vous à l'adresse suivante : http://www.ellenmacarthurtrust.org ou écrivez un courriel à : info@ellenmacarthurtrust.org

N'oubliez pas que vous pouvez suivre les extraordinaires aventures d'Ellen MacArhtur en DVD. Vous pouvez acheter ces DVD en ligne sur http://ellenmacarthur.com ou en remplissant le formulaire ci-dessous. Ce formulaire vous donne droit à un rabais de 10 %. Envoyez le formulaire rempli et votre règlement à : Offshore Challenges, Cowes Waterfront – Venture Quays, Castle Street, East Cowes, Isle of Wight, PO32 6EZ

☐ … Je commande ____ exemplaires du DVD *The Ellen MacArthur Story Part 1* qui retrace les aventures d'Ellen dans le Vendée Globe, la Route du Rhum, et le Trophée Jules Verne, au prix de £16,99 (TVA comprise)

☐ … Je commande ____ exemplaires du DVD *The Official Record Breaking Story*, qui raconte l'épopée du record d'Ellen, en solitaire autour du monde, au prix de £19,95 (TVA comprise) plus £1,50 par exemplaire pour frais d'expédition au Royaume-Uni, £2,00 pour les pays d'Europe continentale et £2,50 ailleurs

☐ … Je joins un chèque à l'ordre de Offshore Challenges pour un montant de ____

☐ … J'autorise le débit de ma carte de crédit, selon les informations ci-dessous :

Nom figurant sur la carte de crédit :

Adresse :

Carte de crédit (Visa, Mastercard) :

Carte numéro :

Expire le :

Signature :

Adresse de livraison si différente de celle ci-dessus :

Adresse email :

N° de téléphone :

Offshore Challenges Ltd est enregistré au Data Protection Act 1998 (Loi de protection du secret des données informatiques)